# Índice

1. Agradecimientos
2. Introducción: El Arte de Vender Sin Límites

**Capítulo 1: La Psicología del Vendedor Sin Límites**

- Creencias limitantes y reprogramación mental para el éxito.
- Cómo convertir el rechazo en motivación.

**Capítulo 2: Convertir el "No" en Tu Mejor Aliado**

- Estrategias para transformar el rechazo en oportunidades.
- Mejorar el proceso con cada "no".

**Capítulo 3: La Prospección en Ventas**

- Cómo hacer prospección de calidad vs cantidad.
- Optimización del tiempo y casos prácticos.

**Capítulo 4: Identificando a los Stakeholders Clave**

- Identificar a los tomadores de decisiones en el proceso de ventas.
- Cómo evaluar la postura y el poder de cada stakeholder.

**Capítulo 5: Estrategias de Micro-compromisos en el Proceso de Ventas**

- Introducción a los micro-compromisos.

- Cómo mover al prospecto paso a paso hacia el cierre.

**Capítulo 6: Estrategias de Email Marketing y Creación de Listas**

- Gestión de listas de correo.
- Técnicas avanzadas de email marketing personal y persuasivo.

**Capítulo 7: Storytelling en Ventas**

- Conectar emocionalmente con el cliente a través de historias.
- Técnicas para construir narrativas convincentes.

**Capítulo 8: Venta Social: Cómo Utilizar las Redes para Vender**

- Estrategias de venta social para maximizar oportunidades en redes.
- Cómo convertir seguidores en clientes leales.

**Capítulo 9: Presentaciones de Ventas que Impactan**

- Cómo diseñar presentaciones persuasivas.
- Uso efectivo de gráficos y visuales.

**Capítulo 10: Objeciones: Cómo Convertir el "No" en "Sí"**

- Cómo manejar objeciones comunes.
- Herramientas y técnicas para superar las objeciones y cerrar ventas.

**Capítulo 11: Automatización de Ventas**

- La importancia de la automatización en el proceso de ventas.
- Herramientas para maximizar la eficiencia sin perder la calidad humana.

**Capítulo 12: Inteligencia Emocional: El Arma Secreta en Ventas**

- Cómo la inteligencia emocional determina el éxito en ventas.
- Casos prácticos de uso de inteligencia emocional en ventas.

**Capítulo 13: Cómo Ser un Maestro en la Prospección de Clientes**

- Identificación y enfoque en los prospectos de mayor valor.
- Herramientas para gestionar los leads de forma eficiente.

**Capítulo 14: Post-Venta y Fidelización**

- Cómo garantizar la lealtad y el retorno de los clientes.
- Técnicas de seguimiento y servicio post-venta.

**Capítulo 15: Gestión de Equipos de Ventas**

- Cómo liderar y motivar a un equipo de ventas de alto rendimiento.
- Técnicas para gestionar crisis y liderar con impacto.

**Capítulo 16: Venta Consultiva: Convertirte en el Asesor que tu Cliente Necesita**

- Técnicas para posicionarte como un asesor estratégico.
- Cómo construir relaciones duraderas basadas en confianza.

**Capítulo 17: Los Gurús Modernos de las Ventas y sus Estrategias**

- Lecciones de figuras clave como Gary Vaynerchuk y Grant Cardone.
- Estrategias modernas que están transformando el mundo de las ventas.

**Capítulo 18: La Importancia de la Inteligencia Emocional en el Proceso de Ventas**

- Casos de éxito en liderazgo emocional.
- Técnicas de manejo de emociones para mejorar el rendimiento en ventas.

**Capítulo 19: Estrategias de Ventas Omnicanal**

- Cómo gestionar la experiencia del cliente en múltiples plataformas.
- Casos de éxito en la implementación de ventas omnicanal.

**Capítulo 20: Estrategias de Seguimiento y Fidelización del Cliente**

- Cómo el seguimiento eficaz garantiza la fidelización del cliente.
- Herramientas para gestionar el ciclo post-venta.

**Capítulo 21: El Futuro de las Ventas: Adaptarse a la Nueva Era**

- Predicciones sobre el futuro de las ventas.
- Cómo estar siempre un paso adelante en un mercado en constante evolución.

**Conclusión: Vender Sin Límites**

- Resumen final y llamado a la acción.
- La importancia de la mentalidad de crecimiento en ventas.

**Bibliografía**

- Recursos clave y libros recomendados para seguir mejorando en ventas y liderazgo.

# Prólogo

Si estás leyendo esto, probablemente ya has vendido algo en tu vida. Quizás fue un producto, una idea o incluso a ti mismo. Pero si realmente quieres vender sin límites, este libro es para ti. **"El Arte de Vender Sin Límites"** no se trata de seguir reglas obsoletas o memorizar guiones que no funcionan. Aquí vamos a romper esquemas, a desafiar todo lo que te han dicho sobre las ventas, y lo más importante, a cambiar tu mentalidad.

Las ventas no son solo sobre técnicas o tácticas que puedes aprender en un curso. Son sobre cómo piensas, cómo enfrentas el rechazo, y cómo te adaptas en cada situación. Este libro te va a enseñar algo fundamental: la mentalidad lo es todo. Porque no se trata de vender un producto, se trata de convertirte en alguien que siempre encuentra una solución, que transforma cada "no" en una oportunidad, y que nunca se deja vencer.

Aquí aprenderás que el rechazo no es el enemigo, es solo parte del proceso. Cada "no" te enseña algo, te prepara para el siguiente paso. Las ventas no son una carrera de velocidad, son una maratón de resistencia. Y, créeme, aquellos que dominan el arte de resistir y adaptarse son los que se vuelven invencibles.

Este libro está hecho para los que están listos para desafiarse a sí mismos, para los que quieren ir más allá de las técnicas tradicionales y aprender a vender con autenticidad y confianza. No esperes encontrar fórmulas mágicas o atajos fáciles. Lo que encontrarás aquí son herramientas para convertirte en un vendedor que entiende que no hay límites, solo nuevas formas de superar los desafíos.

¿Estás listo para tomar control de tus ventas y de tu vida? Porque aquí comienza el verdadero viaje hacia **vender sin límites**. ¡Es hora de romper las barreras!

# Agradecimientos

Este libro, "**El Arte de Vender Sin Límites**", es el resultado de cada golpe que la vida me ha dado en ventas, y no habría sido posible sin los pilares que me han mantenido en pie.

A **mis padres**, gracias por darme la vida y enseñarme los valores que han sido la base de todo lo que soy.

A mi mujer, **Noemí**, mi compañera de vida y mi todo. Has sido mi refugio en los momentos más duros, la voz que me ha impulsado a seguir cuando todo parecía cuesta arriba. Gracias por estar siempre ahí, por no dejarme caer, y por recordarme que, aunque las puertas se cierren, siempre hay un camino hacia adelante.

**Aitor y Oriol**, mis hijos, gracias por ser mi constante fuente de energía y alegría. Con atención, actitud y aptitud, podréis dominar lo que os propongáis. Recordad que la persistencia lo es todo.

A mis compañeros de profesión, gracias por enseñarme tanto cada día. Vuestras ideas y experiencias me han ayudado a mejorar continuamente, a ver las ventas desde nuevas perspectivas y a seguir evolucionando.

Y ahora, los agradecimientos especiales...

A los **cínicos que me pidieron un email a info@nolomirare.com**, gracias por esa lección de indiferencia. Vuestro desinterés me enseñó a ser más astuto, más insistente, y a desarrollar nuevas formas de captar la atención. Cada correo que no leísteis fue una oportunidad para mejorar mi enfoque y creatividad. **Aprendí que un "no" no es el final, sino el comienzo de una estrategia más inteligente.**

A los que **creísteis que me estabais utilizando para mejorar vuestras condiciones con la competencia**, ¡gracias! Me enseñasteis a detectar las intenciones reales detrás de cada palabra y a convertir cada interacción en una herramienta para afinar mi propuesta. **Aprendí que incluso cuando alguien cree que tiene el control, el verdadero valor está en saber aprovechar cada jugada a tu favor.**

A los que **me pidieron una reunión para luego desaparecer como fantasmas**, gracias por convertiros en maestros del escapismo. **De vosotros aprendí el valor de la persistencia y el seguimiento**. Cada desaparición me hizo mejorar mi radar, perfeccionar mi habilidad de estar presente justo cuando menos lo esperabais, y ser imparable en el rastreo hasta obtener una respuesta.

A las "**chicas del cable**" que bloquearon mis llamadas una y otra vez, os agradezco por enseñarme la importancia de no rendirse jamás. **Aprendí que si una puerta está cerrada, siempre hay otra forma de entrar**, y que con paciencia y táctica, se puede llegar donde uno quiera, aunque no sea por la ruta convencional.

Y finalmente, a los **empresarios sin visión**, aquellos que se negaron a ver el cambio justo frente a ellos, **me enseñasteis la importancia de perfeccionar mi discurso**. Gracias a vosotros, ahora soy más preciso, más audaz y más estratégico en cada presentación. **Cada "no" que recibí de vosotros fue una lección invaluable que me empujó a refinar mi enfoque hasta llegar a los "síes" que realmente cuentan.**

Este libro es para los que entienden que los **noes** no son el final, sino el impulso que necesitamos para conquistar más **síes**.

# Introducción: El Arte de Vender Sin Límites

Las ventas han cambiado. El mundo ha cambiado, y con él, las reglas del juego. Si sigues vendiendo como lo hacías hace cinco años, o peor aún, como hace diez, ya te has quedado atrás. Vender ya no es solo una cuestión de estar en el lugar correcto con el producto adecuado. Hoy, vender significa romper las barreras, vender sin límites, y para lograrlo, necesitas mucho más que seguir fórmulas antiguas. Necesitas una mentalidad imparable.

Imagina un mercado saturado, lleno de competidores que luchan desesperadamente por captar la atención de los clientes. Las viejas estrategias ya no funcionan, y quienes no se adapten están condenados al olvido. Esto no es solo una frase fuerte; es la realidad brutal del mundo de las ventas.

¿Suena intimidante? Debería. Porque solo los que están dispuestos a reinventarse, a romper esquemas y a desarrollar una mentalidad sin límites, sobrevivirán. Vender sin límites no es cerrar cada oportunidad que se te presenta. Es mucho más. Es levantarte cada vez que te rechazan, y utilizar cada "no" como combustible para el siguiente "sí".

Joe Girard, uno de los vendedores más grandes de la historia, entendía esto a la perfección. No vendió más de 13,000 coches por suerte. Lo hizo porque tenía una mentalidad de acero. Cada vez que recibía un rechazo, lo utilizaba para mejorar, para refinar su técnica. Y tú, ¿seguirás cayendo ante el rechazo o lo usarás a tu favor? Porque si no estás dispuesto a fracasar, tampoco estarás listo para triunfar.

## El Poder de la Mentalidad

Antes de entrar en técnicas de ventas específicas, tenemos que hablar de lo que realmente marca la diferencia: tu mentalidad. No es solo lo que dices, ni siquiera cómo lo dices. Lo que define a los grandes vendedores es cómo piensan cuando enfrentan el rechazo.

El rechazo es una parte inevitable de las ventas. No lo puedes evitar, pero sí puedes decidir cómo reaccionar ante él. La mayoría de los vendedores ven el "no" como una derrota, como un muro que no pueden superar. Pero los vendedores que venden sin límites lo ven como una oportunidad para afinar su estrategia, para mejorar en el próximo intento.

Girard sabía que cada objeción que enfrentaba lo acercaba al cierre. Esa es la mentalidad que necesitas. Cada "no" es un paso hacia el próximo "sí", siempre y cuando seas lo suficientemente fuerte como para aprender de cada rechazo. Este no es un juego de palabras suaves ni una cuestión de mantener las formas. Es una batalla diaria donde solo los que tienen la mentalidad correcta logran destacar.

---

## Destaca en un Mundo Saturado

Vivimos en una época donde la atención de las personas es uno de los recursos más escasos. Las distracciones son infinitas: redes sociales, correos electrónicos, notificaciones... Si haces lo mismo que todos los demás, serás simplemente parte del ruido de fondo. Y en las ventas, ser ignorado es la mayor amenaza.

Para captar la atención de tus clientes en este mundo sobresaturado, no puedes ser convencional. Necesitas ser disruptivo. No se trata solo de enviar otro correo o hacer otra llamada fría. Tienes que romper los patrones, captar su atención desde la primera palabra y hacerles ver algo que nadie más les está mostrando.

**Ejemplo:** No empieces un correo con un "espero que estés bien". Nadie presta atención a eso. Ve al grano, sé audaz. Haz preguntas que los obliguen a reflexionar: "¿Cuántas oportunidades estás perdiendo mientras lees este mensaje?" Sé diferente, sé imposible de ignorar. Rompe el molde desde el primer segundo.

## Transforma el "No" en "Sí"

Las objeciones no son el enemigo. Son tu mejor aliado. La mayoría de los vendedores ven una objeción y se paralizan, como si fuera el fin de la conversación. Pero en realidad, una objeción es una señal de interés. Si un cliente se toma el tiempo de darte una objeción, significa que está considerando lo que ofreces. Tu trabajo es convertir esa objeción en una oportunidad.

No temas a las objeciones. Abrázalas. Son tu puerta de entrada para conectar más profundamente con tu cliente, para entender sus dudas y darles las razones exactas para confiar en ti.

---

## Cuenta Historias que Conecten

El poder de las ventas no está en recitar características o beneficios. Está en conectar emocionalmente. Las grandes ventas se logran cuando el cliente siente que necesita lo que ofreces. ¿Cómo logras esto? Contando historias.

Cuando presentas tu producto, no te limites a enumerar datos. Cuenta una historia que haga que tu cliente visualice cómo su vida o su negocio mejorará gracias a lo que ofreces. Las historias son lo que hace que el cliente sienta una conexión real contigo y tu producto.

---

## Cierra con Seguridad: El Comienzo de Algo Grande

El cierre no es el final. Es el principio. Los vendedores que venden sin límites cierran con confianza porque saben que lo que ofrecen tiene valor. No estás presionando al cliente a comprar; lo estás guiando hacia una decisión que beneficiará a ambos. Si dudas en el cierre, el cliente lo notará. Confía en lo que ofreces y transmite esa confianza en cada interacción.

## Adáptate o Queda en el Pasado

El mundo de las ventas evoluciona constantemente. Lo que funcionaba hace cinco años, hoy está obsoleto. Si no te adaptas, te quedarás atrás. Los vendedores sin límites no solo dominan las tácticas actuales; están siempre preparados para los desafíos de mañana. Flexibilidad y adaptación son las claves para sobrevivir en un mercado en constante cambio.

## El Camino Hacia Vender Sin Límites

Este libro no es una guía rápida. No es una fórmula mágica. Es un proceso que, si lo sigues, te llevará a vender sin límites. Pero prepárate, porque requerirá esfuerzo, disciplina, y una mentalidad de acero.

¿Estás listo para dejar de ser uno más y convertirte en alguien imparable? Entonces, empecemos. Este es solo el primer paso hacia tu transformación.

# Capítulo 1: La Psicología del Vendedor Sin Límites

Antes de dominar cualquier técnica de ventas, primero tienes que entrenar lo más importante: tu mente. Este capítulo te mostrará cómo una mentalidad inquebrantable te separa del promedio y te permite convertir cada obstáculo en una oportunidad. Aprenderás a ver el rechazo como un aliado, a abandonar las creencias limitantes, y a desarrollar los hábitos que te llevarán a vender sin límites. Porque, al final del día, el mayor obstáculo no es el mercado ni el cliente, **eres tú mismo**. Y recuerda, **cada "no" te acerca un paso más al "sí" que realmente importa**

## 1.1 La Mentalidad Ganadora: Lo que Realmente te Separa de los Demás

Ser un vendedor sin límites no es cuestión de suerte ni de acumular años de experiencia. Es el resultado de una mentalidad inquebrantable, una forma de pensar que te empuja a superar cualquier obstáculo y a transformar cada desafío en una oportunidad. Si todavía crees que cada "no" es un muro infranqueable, es hora de despertar. Lo que realmente te está frenando no es el cliente ni el mercado; eres **TÚ** y tu mentalidad. Es tu forma de pensar lo que define si te quedas estancado o si rompes esos límites que tú mismo te has impuesto.

El mundo de las ventas es un campo de batalla donde solo sobreviven los más fuertes de mente. El rechazo es parte del juego, y tu capacidad para manejarlo marcará la diferencia entre ser un vendedor mediocre y uno que vende sin límites.

Grant Cardone lo afirma sin rodeos en su libro "VENDES O VENDES": "Cada 'no' te acerca al 'sí'." Este cambio de paradigma es poderoso. Mientras los vendedores promedio se desmoronan ante el primer rechazo, los vendedores que venden sin límites lo ven como combustible que alimenta su determinación. ¿Quieres seguir siendo del montón o estás listo para unirte a las filas de los mejores?

¡Despierta! Piensa en Joe Girard, el hombre que vendió más de 13,000 coches en su carrera, ganándose un lugar en el Libro Guinness de los Récords. ¿Crees que él se preocupaba por los rechazos? ¡Ni por un segundo! Girard entendía que cada "no" era simplemente una curva en el camino hacia el "sí". No veía los rechazos como fracasos, sino como pasos inevitables en el camino al éxito.

---

## El Rechazo es tu Mejor Aliado

Es hora de cambiar tu relación con el rechazo. Deja de verlo como un obstáculo y empieza a verlo como una herramienta. Cada vez que alguien te dice "no", estás aprendiendo algo nuevo: sobre el cliente, sobre el mercado y, lo más importante, sobre ti mismo. Cada "no" es una oportunidad para afilar tu estrategia y fortalecer tu determinación.

"Cada vez que escuchas un 'no', estás más cerca de escuchar un 'sí'."

Este no es solo un eslogan motivacional; es una verdad fundamental en ventas. Los grandes vendedores no evitan el rechazo; lo buscan. Saben que detrás de cada puerta cerrada hay una nueva oportunidad esperando ser descubierta.

## Mentalidad Fija vs. Mentalidad de Crecimiento

Aquí es donde muchos se quedan atrás. Una mentalidad fija es un cáncer para tu carrera en ventas. Te hace creer que tus habilidades son estáticas y que no puedes mejorar. ¡Mentira! La mentalidad de crecimiento es tu arma secreta. Te permite ver cada experiencia, buena o mala, como una oportunidad para crecer y mejorar.

¿Sigues atrapado en tu zona de confort? Entonces estás perdiendo el juego antes de empezar. Los vendedores sin límites no temen al cambio ni al desafío. Abrazan lo desconocido y lo convierten en su ventaja.

## Los Hábitos Diarios que Transforman tu Mentalidad

No basta con entender la teoría; tienes que vivirla cada día. Aquí tienes los hábitos que los vendedores sin límites practican sin falta:

1. Refuerza tu autoconfianza diariamente. No es opcional; es esencial. Visualiza el éxito antes de cada interacción. ¿Vas a una reunión? Ya la has ganado en tu mente.
2. Acepta el rechazo con gratitud. Suena loco, ¿verdad? Pero así es como los vendedores sin límites piensan. Cada "no" es una lección, una oportunidad para ser mejor.
3. Desarrolla una piel gruesa, pero mantén el corazón abierto. No te lo tomes personal, pero siempre conecta a nivel humano. La resiliencia y la empatía son tus mejores aliados.
4. Establece metas claras y agresivas. No te conformes con lo mínimo. Apunta alto, muy alto. Las metas mediocres producen resultados mediocres.
5. Actúa ahora, no mañana. La procrastinación es el asesino silencioso del éxito. Cada minuto que pierdes es una oportunidad que regalas a la competencia.

## Deja de Ser tu Propio Obstáculo

La única persona que realmente puede detenerte eres **TÚ** mismo. Si sigues dudando, si sigues poniendo excusas, estás cavando tu propia tumba profesional. Es hora de tomar el control. No más excusas, no más miedos. ¿Estás dispuesto a hacer lo que sea necesario para triunfar?

## 1.2 Perseverancia y Determinación: El Verdadero Poder Detrás del Éxito

Entender la mentalidad es solo el comienzo. Ahora, tienes que forjar una perseverancia a prueba de balas. La mayoría de las personas se rinden después de los primeros obstáculos. ¿Vas a ser uno de ellos o vas a destacarte?

Thomas Edison falló más de 1,000 veces antes de perfeccionar la bombilla. Cuando le preguntaron sobre sus fracasos, respondió: "No he fallado. He encontrado 1,000 formas que no funcionan." Esa es la mentalidad que necesitas. Cada fracaso es un peldaño en la escalera al éxito.

### El Poder Imparable de la Persistencia

La persistencia no es una cualidad; es una disciplina. Es hacer esa llamada extra cuando ya estás cansado. Es visitar a ese cliente una vez más cuando todos los demás han dejado de intentarlo. Es negarte a aceptar un "no" como respuesta definitiva.

"El éxito pertenece a los perseverantes."

Los vendedores promedio hacen lo que se les pide. Los vendedores sin límites hacen lo que sea necesario. Si alguien más ha logrado lo que tú quieres, entonces tú también puedes.

### Superando los Obstáculos Internos y Externos

No solo te enfrentas a la competencia o a clientes difíciles. Tu mayor enemigo puede ser tu propia mente. Las dudas, los miedos, las inseguridades: ¡elimínalos! No tienes tiempo para esas distracciones. Cada segundo que pierdes en negatividad es un segundo que tu competencia gana.

## Estrategias para Mantener la Determinación

1. Alimenta tu mente con positividad. Lee libros, escucha podcasts, rodéate de personas que te impulsen hacia arriba.
2. Celebra cada pequeña victoria. Cada logro, por pequeño que sea, es combustible para tu motivación.
3. No te compares con otros; compite contigo mismo. Cada día, esfuérzate por ser mejor que ayer.
4. Visualiza tu éxito final. Mantén siempre en mente tu objetivo último. Ese es tu norte, tu razón para seguir adelante.
5. Recuerda por qué empezaste. Cuando las cosas se pongan difíciles, vuelve a conectar con tu propósito inicial.

### 1.3 Acciones Prácticas para Vender Sin Límites

Saber no es suficiente; tienes que actuar. Ya comprendes la mentalidad y la perseverancia necesarias, pero ¿cómo las

aplicas en tu día a día? Aquí tienes las acciones concretas que
**DEBES** implementar si realmente quieres transformarte en un
vendedor sin límites.

1. **Prepárate como si tu vida dependiera de ello.**
   La improvisación es para amateurs. Los vendedores sin
   límites planifican cada interacción. Conocen a su cliente,
   entienden sus necesidades y están listos para abordar
   cualquier objeción.

2. **Domina tu producto o servicio.**
   No puedes vender lo que no entiendes. Debes ser un
   experto en lo que ofreces. Conviértete en la fuente de
   información confiable para tus clientes.

3. **Cultiva relaciones, no transacciones.**
   Los vendedores promedio buscan cerrar una venta; los
   vendedores sin límites construyen relaciones duraderas.

4. **Gestiona tu tiempo con ferocidad.**
   El tiempo es tu recurso más valioso. No lo desperdicies
   en actividades que no generan resultados.

5. **Invierte en tu desarrollo personal.**
   Tu crecimiento profesional está ligado directamente a tu
   crecimiento personal.

## La Decisión es Tuya

Al final del día, solo **TÚ** puedes decidir si quieres ser promedio o
sobresalir. Nadie más puede hacerlo por ti. No hay excusas,
solo acciones.

**CTA:**

Cada momento que dudas es una oportunidad perdida. El éxito **NO** espera a nadie. Haz el cambio hoy mismo. No mañana, no la próxima semana. **AHORA**.

Cada "no" es un escalón hacia tu próximo "sí". ¡Levántate y ve por él!

# Capítulo 2: Estrategias de Copywriting para Captar la Atención

**El copywriting efectivo no es arte, es estrategia.** No se trata de escribir bonito o adornar el mensaje con palabras vacías, sino de **vender con palabras**. Si no captas la atención en los primeros segundos, **ya estás fuera**. Los clientes están en una **constante lucha por su tiempo y atención**. **No tienen paciencia para leer tonterías** o para entender indirectas. **¿Vas a seguir perdiendo oportunidades o estás listo para escribir mensajes que realmente conviertan?** Este capítulo te enseñará cómo hacerlo: cómo golpear directamente en el problema, cómo **obligar al cliente a reaccionar y actuar**, y cómo **escribir de forma clara, directa y sin rodeos**. Aquí no hay espacio para suavizar el mensaje, solo para **resultados**.

## 2.1 Cómo Escribir Mensajes que Impacten y Conviertan

El primer desafío: **impactar. Tu mensaje tiene que golpear fuerte desde el principio**, o simplemente desaparecerás entre miles de otros intentos de venta. **El cliente no está interesado en lo que vendes, sino en soluciones.** Su preocupación es resolver problemas, ganar más y perder menos. Si tu copy no refleja eso, ya perdiste.

### Estrategias Clave para Escribir Mensajes que Impacten

1. **Habla del problema sin rodeos:**
   Nada de ser diplomático o cuidadoso. **Si tu cliente está perdiendo dinero, tienes que decirlo sin rodeos.** Si su negocio se está quedando atrás, **es tu responsabilidad hacérselo saber.** Cada día que no optimiza su línea de producción, pierde dinero. Es así de simple. **No suavices la verdad.**
   Ejemplo: **"Cada día que no optimizas tu línea de producción, estás tirando dinero por la ventana."**

2. **Usa un lenguaje brutalmente honesto:**
   **El copywriting efectivo es directo, brutal y sin adornos innecesarios.** No estás aquí para ser su amigo, estás **para hacer que reaccione. Haz que se sienta incómodo con su situación actual** y que vea tu solución como la única salida.
   Frases como **"Lo que haces no está funcionando, lo sabes, y la competencia está avanzando"** crean urgencia y presión. **Si el cliente no siente el dolor, no moverá ni un dedo.**

3. **Conecta emocionalmente:**
   Los clientes **no compran productos, compran soluciones**. Detrás de cada decisión de compra hay una emoción: **el miedo a perder, el deseo de seguridad, la necesidad de estabilidad o la reputación en juego**. Haz que el cliente sienta que **tu producto o servicio es el salvavidas que necesita**.
   Ejemplo: **"No más excusas, no más perder contratos por fallos de maquinaria. Es tiempo de actuar."**

4. **Llamada a la acción con urgencia:**
   Un buen CTA **no es opcional, es una orden**. No es una invitación a considerar, **es un empujón firme a tomar acción ahora mismo**. No le des espacio para pensar en "después".
   Ejemplo: **"Haz este cambio ahora o sigue perdiendo productividad. La decisión está en tus manos."**

## Técnicas Avanzadas para Escribir Copy que Convierta

1. **Usa la escasez:**
   La gente reacciona cuando siente que algo está a **punto de desaparecer**. Al introducir la idea de que tu solución es limitada, **aumentas la urgencia**.
   Ejemplo: **"Solo quedan 5 plazas para esta implementación, asegúrate de reservar la tuya."**

2. **Introduce la urgencia en la narrativa:**
   No solo digas "actúa ahora", **haz que el cliente visualice lo que perderá si no lo hace**.
   Ejemplo: **"Cada día que pasas sin optimizar tu maquinaria, estás perdiendo 5% de eficiencia, mientras tus competidores avanzan. ¿Estás dispuesto a seguir perdiendo?"**

### Ejemplo Ampliado:

Luis, un vendedor de software industrial, no lograba cerrar un cliente clave tras meses de intentos. Cambió su enfoque: **"Cada minuto que tu línea de producción no está automatizada, pierdes miles de euros. Tu competencia ya está tomando la delantera. Esto es lo que te está costando seguir usando tecnología obsoleta: pérdidas de productividad, contratos incumplidos y una pérdida total de control sobre tu eficiencia operativa."**
El resultado fue inmediato. En menos de una semana, el cliente agendó una reunión y **aceptó la solución**.

## 2.2 Emails que No Terminan en la Papelera

El inbox de tu cliente es una **jungla**, llena de trampas para correos que **no logran destacar**. Si tu email no despierta **curiosidad o miedo desde el asunto**, nunca será abierto. Y si lo abren, debes asegurarte de que lo lean completo **y tomen acción**.

### Estrategias para Escribir Emails Efectivos

1. **Asuntos que atacan el problema:**
   El asunto debe captar atención de inmediato.
   Ejemplo: **"¿Cuánto te está costando el tiempo**

muerto de tu producción?"
Si el asunto no provoca una reacción inmediata, **tu email está condenado al olvido.**

2. **Ve directo al grano:**
Nada de largas introducciones o presentaciones. **El cliente quiere saber por qué debe prestarte atención desde la primera línea.**
Ejemplo: **"Si no reduces el tiempo de cambio de formato ahora, tus costos seguirán aumentando sin control."**

3. **Golpea con emoción:**
El dinero **no es lo único en juego**. **La tranquilidad, la seguridad y la reputación** del cliente también están en riesgo. **Haz que sientan lo que están perdiendo.**
Ejemplo: **"Imagina la tranquilidad de saber que tu producción nunca más se detendrá por fallos de maquinaria."**

4. **CTA que no deja opciones:**
**El CTA debe ser claro, firme y urgente.**
Ejemplo: **"Haz algo al respecto ahora o sigue perdiendo miles de euros cada semana. Tú decides."**

## Casos Reales para Emails de Alto Impacto

Fernando, un vendedor de soluciones de envasado, envió un email con el asunto: **"Estás perdiendo más de 100,000€ al año por tiempos muertos evitables (y es fácil de corregir)."**
En el cuerpo del email fue directo: **"Lo que te voy a mostrar reducirá tus tiempos de inactividad en un 30%. No es una exageración, y necesito solo 10 minutos para demostrártelo."**
**Resultado**: el cliente respondió en menos de 30 minutos.

## 2.3 Cómo Escribir en Redes Sociales sin Sonar Robótico

Las redes sociales son **una guerra por la atención**. Si suenas genérico o corporativo, **serás invisible**. La clave está en **ser humano y diferente**.

# Estrategias para Escribir en Redes Sociales

1. **Sé disruptivo desde la primera línea:**
   Debes sacar al cliente de su rutina.
   Ejemplo: "Si tu producción sigue retrasándose, algo estás haciendo mal, y lo sabes."

2. **Cuenta historias reales:**
   Las historias venden. Los datos son fríos y desconectan al cliente.
   Ejemplo: "**Un cliente perdió un contrato millonario porque no actualizó su maquinaria a tiempo. Lo solucionamos, pero ya era tarde. ¿Estás preparado para evitar esto?**"

3. **Tono real, no corporativo:**
   Habla como si estuvieras **conversando con el cliente en un café**.
   Ejemplo: "**Esto te está costando una fortuna si no lo arreglas ya. No te arriesgues más.**"

4. **Invita a actuar:**
   Un buen post siempre termina con una invitación a actuar.
   Ejemplo: "**Toma control de tu producción hoy o sigue perdiendo contratos. Tú eliges.**"

---

## Expansión en Redes Sociales: Humaniza tu Marca

María, una asesora de maquinaria, dejó de publicar contenido corporativo para **compartir una historia real**:
"Un cliente perdió miles de euros porque su maquinaria

quedó obsoleta y no pudo cumplir con un gran contrato. Si no quieres que te suceda lo mismo, hablemos."
**La respuesta fue inmediata**, con varios prospectos interesados en actualizar sus sistemas.

---

## 2.4 Estructuras Clave para Scripts de Llamadas

**Las llamadas de ventas son una herramienta peligrosa**: o captas la atención en los primeros 30 segundos **o pierdes al cliente**. No hay espacio para **presentaciones largas**.

---

### Estructuras para un Script de Llamada Efectivo

1. **Rompe el hielo rápidamente**:
   Menciona el problema que sabes que el cliente tiene **y que no puede ignorar**.
   Ejemplo: **"Sé que tu línea de producción está perdiendo eficiencia. Yo sé cómo resolverlo."**

2. **Identifica el problema y amplifícalo**:
   Haz preguntas que obliguen al cliente a **reconocer su problema**.
   Ejemplo: **"¿Cuántos contratos crees que has perdido por no cumplir con los tiempos de entrega?"**

3. **Presenta la solución de manera sencilla**:
   No te pierdas en los detalles técnicos.
   Ejemplo: **"Con nuestra tecnología, tus tiempos de

producción mejorarán un 20% en menos de un mes."

4. **Llamada a la acción firme:**
   No te quedes a medias.
   Ejemplo: "¿Nos reunimos esta semana para empezar a resolver esto?"

---

## Conclusión: Copywriting que Genera Ventas

El copywriting no es solo escribir. Es provocar acción. Si puedes hacer que el cliente **se sienta incómodo con su situación actual** y le muestras que tu solución es la **única salida**, habrás ganado. **Las palabras correctas tienen el poder de cambiar resultados.**

**"La venta no es sobre ti; es sobre cómo haces que el cliente sienta que te necesita. Usa las palabras correctas y tendrás el control de cada situación."**

## Resumen Esquemático de los Puntos Clave:

### Cómo escribir mensajes que impacten y conviertan:

- Habla del problema sin rodeos.
- Usa un lenguaje brutalmente honesto.
- Conecta emocionalmente.
- Llamada a la acción con urgencia.

### Emails que no terminan en la papelera:

- Asuntos que atacan el problema.
- Ve directo al grano.
- Golpea con emoción.
- Llamada a la acción fuerte.

### Escribir en redes sociales sin sonar robótico:

- Sé disruptivo desde la primera línea.

- Cuenta historias reales.
- Usa un tono real y cercano.
- Invita a actuar.

**Estructuras clave para scripts de llamadas:**

- Rompe el hielo de manera directa.
- Amplifica el problema.
- Solución breve y directa.
- Llamada a la acción firme.

**CTA:**

Deja de escribir mensajes que pasan desapercibidos. Cada palabra que no capta atención es una oportunidad perdida. Empieza a transformar tus palabras en ventas reales, en respuestas que importan y en acciones que generan resultados. ¿Cuánto más vas a esperar para ver el cambio? La diferencia entre el éxito y el olvido está en lo que dices y cómo lo dices. ¿Qué esperas para actuar y dominar el arte de la persuasión?

# Capítulo 3: Prospección Eficaz

**La prospección** es el corazón de cualquier proceso de ventas. Puedes ser el mejor cerrando tratos, pero **si no tienes prospectos cualificados**, estás fuera del juego. No hay trato que cerrar si no tienes a las personas correctas al otro lado de la conversación. Sin embargo, **la prospección no es solo acumular nombres en una lista interminable de leads**. Se trata de **calidad**, no de cantidad.

¿Estás persiguiendo los leads adecuados o perdiendo el tiempo con los equivocados? Si no enfocas bien tu prospección, **pierdes oportunidades valiosas cada día**.

# Capítulo 3.1: La Importancia de la Prospección en el Proceso de Ventas

Sin prospección no hay ventas. Punto. **No puedes venderle a todo el mundo** y si te saltas esta fase crítica, **estarás condenado a perder horas** en reuniones que no llevarán a nada. La prospección no se trata solo de recoger nombres y números. **Se trata de identificar a quienes realmente necesitan lo que ofreces** y además pueden pagarlo.

**Cada minuto que inviertes en un lead mal cualificado, es un minuto desperdiciado.**

## Beneficios Clave de una Prospección Eficaz:

- **Optimización del Tiempo**: El tiempo es tu recurso más valioso. **Si lo pierdes con prospectos no cualificados, estás regalando dinero.** La prospección eficaz te permite invertir tu tiempo donde realmente importa: en aquellos prospectos con los que puedas cerrar ventas reales.

- **Mejores Conversaciones**: Cuando tus prospectos realmente necesitan lo que ofreces, **las conversaciones fluyen** y la venta se acelera. No pierdes tiempo explicando lo básico, **puedes ir directo al grano**.

- **Relaciones a Largo Plazo**: La prospección eficaz **no solo te ayuda a vender hoy**, también prepara el terreno para relaciones futuras. Un cliente satisfecho hoy puede ser una fuente de ingresos recurrentes durante años.

**Ejemplo de Impacto**:
Carlos, vendedor de soluciones automatizadas para el sector farmacéutico, tenía una tasa de conversión ridículamente baja. Estaba persiguiendo prospectos que no encajaban con su cliente ideal. **Ajustó su estrategia** para enfocarse en empresas que realmente necesitaban su solución. Resultado: **su tasa de**

éxito se disparó en semanas y comenzó a cerrar más tratos con menos esfuerzo.

## Capítulo 3.2: Micro-compromisos: Cómo Calentar a los Prospectos y Mantener el Interés

**Prospectar no es suficiente.** Identificar al lead correcto es solo el primer paso. Ahora, necesitas **moverlo hacia el cierre**, y no puedes esperar que eso suceda en la primera interacción. **Vender es un proceso**, y parte de ese proceso implica mover al prospecto de micro-compromiso en micro-compromiso hasta que la venta se vuelva inevitable.

### ¿Qué es un Micro-compromiso?

Un micro-compromiso es un pequeño "sí" que obtienes de tu prospecto antes de llegar al gran "sí" final: **el cierre de la venta**. Cada pequeña interacción, como agendar una reunión o revisar un contenido, **es un micro-compromiso**. Tu objetivo es que el prospecto **siga diciendo pequeños "síes" hasta que la venta se vuelva natural e inevitable**.

¿Cómo haces que el prospecto avance sin sentir presión? **Paso a paso, compromiso a compromiso.**

### Cómo Integrar los Micro-compromisos en tu Prospección:

1. **Primera Toma de Contacto**: Abre la puerta con una pequeña acción. No pidas la venta en el primer mensaje. En lugar de eso, ofrece valor:

- Envía un artículo o estudio relevante para su industria.
- Haz una pregunta sobre su mayor desafío actual.

Cada pequeño paso es un avance hacia la venta. El prospecto no se siente presionado, pero ya está involucrado.

2. **Construcción de Relación**: A medida que avanzas, **cada interacción debe acercarte más al cierre**. Por ejemplo:

    - Después de enviar el artículo, sugiere una llamada rápida de 15 minutos para discutir cómo puedes ayudar.
    - Si acepta la reunión, **ofrécele un análisis personalizado** o una propuesta más detallada.

    **Cada "sí" es una señal de que estás avanzando en la dirección correcta.**

3. **Ofrecer Valor a Cambio**: Cada vez que el prospecto te da algo —su tiempo o información— **devuélvele algo de valor**:

    - Si acepta la reunión, envía un resumen detallado o un análisis de su sector.
    - Si revisa tu contenido, envíale un caso de estudio similar para mantener su interés.

4. **Progreso Natural hacia el Cierre**: Los micro-compromisos no son casuales; **te llevan directamente hacia el cierre**. Asegúrate de que cada acción lo acerque un paso más:

- Si el prospecto duda en recibir una propuesta formal, sugiere hacer una **demostración rápida**.
- Si está indeciso, **ofrécele pruebas sociales** con testimonios de clientes similares.

**Ejemplo de Micro-compromisos en Acción:**
Ana, vendedora de maquinaria para procesamiento de alimentos, solía perder prospectos porque intentaba cerrar demasiado pronto. Cambió su enfoque: **en lugar de pedir reuniones desde el principio**, enviaba primero artículos relevantes para la industria. Si el prospecto mostraba interés, proponía una breve llamada. Los resultados: **mejor relación, menos presión, más cierres**.

## Capítulo 3.3: Técnicas de Cualificación (BANT, CHAMP, MEDDIC)

**Cualificar a tus prospectos es vital.** Nada es peor que dedicar horas a un prospecto solo para descubrir que **no tiene el poder o el presupuesto para comprar lo que ofreces**.

**¿Estás hablando con la persona correcta? ¿Puede pagar tu solución?** Si no respondes estas preguntas, estás malgastando tu tiempo.

### BANT (Budget, Authority, Need, Timing)

Este método ayuda a saber si vale la pena seguir adelante con un prospecto. No necesitas hacer todas las preguntas directamente, pero sí obtener la información clave.

- **Budget (Presupuesto)**: ¿Tiene el prospecto los recursos para comprar tu solución? Si no los tiene, **no sigas adelante.**
- **Authority (Autoridad)**: ¿Estás hablando con la persona que puede tomar decisiones? Si no, **pregunta quién debería estar en la conversación.**
- **Need (Necesidad)**: ¿Tiene una necesidad clara que tu solución puede resolver?
- **Timing (Momento)**: ¿Es el momento adecuado para comprar? Si no lo es, **deja clara la oportunidad que perderán si no actúan ahora.**

**Ejemplo**: Si no hablas con el decisor, no insistas. Pregunta: "¿Quién más en su equipo debe estar presente para esta decisión?"

## Capítulo 3.4: Usar Múltiples Canales para la Prospección

**No puedes depender de un solo canal para la prospección.** Los clientes están en todas partes: email, llamadas, redes sociales, eventos. **Si no diversificas tus esfuerzos, te perderás oportunidades.**

Estrategias para Usar Múltiples Canales:

1. **Llamadas**: Las llamadas telefónicas siguen siendo poderosas, pero solo si haces tu tarea antes. Investiga al prospecto y **ofrece valor desde el primer minuto.**
2. **Emails**: Los correos electrónicos deben ser **cortos, directos y enfocados en el problema.** Nadie tiene

tiempo para leer correos largos. Pregunta por su mayor desafío e invita a una conversación.

3. **Redes Sociales: LinkedIn es tu mejor aliado.** Úsalo para interactuar con tus prospectos, compartiendo contenido valioso y relevante para su industria. Los prospectos te verán como una autoridad antes de que les pidas una reunión.

**Ejemplo de Uso de Múltiples Canales:**
Marcos, vendedor de sistemas de automatización, usaba llamadas, correos y mensajes de LinkedIn para prospectar. Combinando estos canales, **duplicó sus oportunidades** en solo un trimestre.

## Resumen del Capítulo 3

La prospección no es simplemente encontrar nombres. Es cualificar, **construir relaciones** y **mover al prospecto a través de micro-compromisos** hasta el cierre. Si aplicas estas estrategias y usas múltiples canales, **tus resultados mejorarán drásticamente.**

**CTA**:

Deja de perder tiempo con prospectos que no están cualificados. Usa los micro-compromisos y empieza a calentar tus leads hasta que estén listos para decir 'sí'. ¡El momento de actuar es ahora!

# Capítulo 4: Identificando a los Stakeholders Clave para Vender Sin Límites

### Introducción: La Venta Compleja y los Stakeholders

Cuando hablamos de ventas complejas, ya no se trata solo de convencer a una sola persona. **Un stakeholder es cualquier persona dentro de la organización que tiene poder de decisión o influencia sobre el proceso de compra.** Los stakeholders son aquellos que, directa o indirectamente, van a decidir si tu propuesta será aceptada o rechazada. Algunos pueden tomar la decisión final, mientras que otros, aunque no tienen ese poder, pueden influir enormemente en el proceso. **Si no identificas correctamente quiénes son y cuál es su postura, te quedarás estancado en las sombras sin avanzar hacia el cierre.**

Cada venta en una gran organización implica lidiar con varios stakeholders, y tu trabajo es descubrir **quiénes son, qué papel juegan y qué piensan de tu solución**. Aquí te vamos a mostrar cómo identificar a cada uno de ellos, cómo descubrir su postura frente a tu propuesta y cómo convertirlos en tus aliados estratégicos para vender sin límites.

## 4.1 El Rey o Reina: El Tomador de Decisiones

**Quién es:**
El **Rey o Reina** es la figura central dentro del proceso de ventas. Este es el único stakeholder con el poder absoluto para decir "sí" o "no" a tu propuesta. Si no logras convencer a esta persona, todo lo demás será inútil. **Sin el respaldo del Rey o Reina, tu propuesta no avanzará.**

**Cómo identificarlo:**
Para descubrir si estás hablando con el Rey o Reina, realiza preguntas que te ayuden a determinar su nivel de autoridad y responsabilidad:

- "¿Quién más estaría involucrado en la decisión final sobre este proyecto?"
- "¿Qué parte de esta propuesta es más importante para usted?"
- "Si tomamos esta decisión, ¿cuáles serían los principales impactos en su equipo?"

Si te mencionan a alguien más, significa que el verdadero tomador de decisiones aún no ha sido identificado. **No puedes detenerte hasta saber quién es.**

**Evaluar su postura:**
Saber quién es el tomador de decisiones es solo el primer paso. Ahora necesitas descubrir qué piensa de tu propuesta:

- "¿Qué le preocupa más de implementar esta solución?"
- "¿Qué más necesitaría saber o ver para sentirse seguro de tomar esta decisión?"
- "¿Cómo cree que esta solución ayudará a alcanzar sus objetivos?"

**CTA:**
"SI NO SABES QUIÉN ES EL VERDADERO TOMADOR DE DECISIONES, YA HAS PERDIDO LA BATALLA. IDENTIFÍCALO, ENTIENDE SUS PREOCUPACIONES Y ASEGÚRATE DE HABLAR SU IDIOMA. CADA MINUTO QUE PIERDAS ES UNA OPORTUNIDAD MENOS PARA CERRAR."

---

## 4.2 El Campeón: Tu Aliado en las Sombras

**Quién es:**
El **Campeón** es otro stakeholder clave, aunque no tiene la capacidad de tomar la decisión final, su rol es fundamental. Es la persona que cree en tu solución y **está dispuesto a abogar por ti dentro de la organización**. El Campeón es quien lucha por ti cuando no estás presente, quien defiende tu propuesta y la promueve entre los demás.

**Cómo identificarlo:**
El Campeón puede no ser evidente a primera vista, pero puedes identificarlo haciendo preguntas estratégicas:

- "¿Quién dentro de la organización podría ser un gran defensor de esta propuesta?"

- "¿Cómo cree que esta solución beneficiará a su equipo?"

- "¿A quién suele escuchar el equipo directivo cuando se trata de decisiones como esta?"

Estas preguntas te ayudarán a identificar a la persona que está dispuesta a tomar tu propuesta y defenderla internamente.

**Evaluar su postura:**
Una vez que has identificado a tu Campeón, es crucial saber si está realmente comprometido. Pregúntale:

- "¿Cómo podríamos hacer que esta propuesta tenga más aceptación dentro del equipo?"
- "¿Cree que hay alguien más que deberíamos involucrar en esta conversación?"
- "¿Qué obstáculos ve en la organización que podríamos superar juntos?"

**CTA:**
"¿YA ENCONTRASTE A TU CAMPEÓN? SI NO LO HAS HECHO, ESTÁS LUCHANDO SOLO. BUSCA A ESA PERSONA QUE CREE EN TI Y HAZ QUE SEA TU MAYOR DEFENSOR DENTRO DE LA ORGANIZACIÓN."

---

## 4.3 El Sabio: El Evaluador de la Propuesta

**Quién es:**
El **Sabio** es el stakeholder encargado de revisar cada detalle de tu propuesta. Su responsabilidad es evaluar la viabilidad técnica o financiera de lo que estás proponiendo. Aunque el Sabio no tiene el poder de tomar la decisión final, su influencia es crucial. **Si no convences al Sabio, tu propuesta no llegará ni al Rey ni a la Reina.**

**Cómo identificarlo:**
Para encontrar al Sabio, realiza preguntas enfocadas en la evaluación técnica o financiera:

- "¿Quién revisa normalmente los detalles técnicos o financieros de este tipo de proyectos?"
- "¿Hay algún proceso específico que deba seguirse para que esta propuesta sea evaluada?"

- "¿Quién podría revisar esta propuesta para asegurarse de que cumple con todos los requisitos?"

El Sabio suele ser alguien del equipo técnico o financiero que se encarga de asegurarse de que todo esté en orden antes de que pase a la siguiente etapa.

**Evaluar su postura:**
Una vez que encuentres al Sabio, necesitas descubrir si ve algún problema en tu propuesta. Las preguntas clave son:

- "¿Hay algún aspecto técnico que le preocupe?"
- "¿Cree que esta solución encaja bien con los sistemas actuales?"
- "¿Qué obstáculos financieros podríamos enfrentar con esta implementación?"

**CTA:**
"SI EL SABIO NO ESTÁ DE TU LADO, OLVÍDATE DE AVANZAR. PREPARA TUS DATOS, AFINA LOS DETALLES Y ASEGÚRATE DE QUE TU PROPUESTA PUEDA RESISTIR CUALQUIER OBJECIÓN TÉCNICA O FINANCIERA."

---

## 4.4 El Tesorero: El Guardián del Dinero

**Quién es:**
El **Tesorero** es el responsable de los aspectos financieros. **Sin su aprobación, no hay cheque, no hay contrato.** Este stakeholder se ocupa de negociar las condiciones económicas, asegurándose de que la empresa obtiene la mejor oferta posible.

**Cómo identificarlo:**
Haz preguntas que te permitan descubrir quién está a cargo de las negociaciones financieras:

- "¿Quién suele gestionar la parte de compras y negociación en este tipo de proyectos?"
- "¿Cómo se manejan normalmente los aspectos financieros de una propuesta como esta?"
- "¿Quién negocia los términos y condiciones?"

El Tesorero aparece una vez que el Rey o Reina ha dado luz verde, y su función es cerrar los detalles financieros.

**Evaluar su postura:**
Para saber si el Tesorero está cómodo con tu propuesta, haz preguntas como:

- "¿El valor que ofrecemos justifica la inversión?"
- "¿Hay alguna flexibilidad en el presupuesto que podamos explorar?"
- "¿Qué ajustes en los términos le harían sentir más cómodo para avanzar?"

**CTA:**
"EL TESORERO DECIDE CUÁNTO VALES. SI NO ENTIENDES CÓMO NEGOCIAR CON ÉL, PUEDES PERDER TODO LO QUE HAS GANADO. PREPÁRATE PARA ESTA ETAPA Y ASEGÚRATE DE QUE AMBAS PARTES GANEN."

---

## 4.5 El Consejero: La Influencia Silenciosa

**Quién es:**
El **Consejero** es el stakeholder que, aunque no aparece formalmente en las decisiones, tiene **una influencia poderosa** sobre el Rey o Reina. Es el confidente, la persona que puede inclinar la balanza sin que lo notes. Si no logras identificar al Consejero, podrías perderte de una influencia clave en el proceso.

**Cómo identificarlo:**
El Consejero suele estar fuera del radar, pero puedes identificarlo con preguntas que exploren las dinámicas de influencia dentro de la organización:

- "¿Hay alguien más cuyas opiniones puedan influir en esta decisión?"
- "¿Quién suele ser consultado en este tipo de decisiones, aunque no esté formalmente en el equipo?"
- "¿Quién en el equipo suele ser visto como un referente, aunque no tome decisiones?"

El Consejero es la persona cuya opinión el Rey o Reina respeta y consulta antes de tomar una decisión.

**Evaluar su postura:**
Una vez que lo identifiques, necesitas saber si te apoya o si podría bloquear el proceso. Pregúntale:

- "¿Cómo cree que esta propuesta se percibe dentro de la organización?"
- "¿Qué recomendaría para que esta solución tenga más aceptación?"
- "¿Cómo podríamos asegurar que todos los involucrados vean el valor de esta propuesta?"

**CTA:**
"EL CONSEJERO PUEDE SER TU MEJOR ALIADO O TU MAYOR OBSTÁCULO. GÁNATE SU CONFIANZA Y SU APOYO. SI NO LO HACES, ESTARÁS PERDIENDO UNA INFLUENCIA CLAVE."

## Resumen Esquemático de Stakeholders Clave

- **Rey o Reina (Tomador de decisiones):**
    - ¿Quién más estaría involucrado en la decisión final?
    - ¿Qué le preocupa más de implementar esta solución?
- **Campeón (Defensor interno):**
    - ¿Cómo cree que esta solución beneficiará a su equipo?
    - ¿Cómo podríamos hacer que esta propuesta tenga más aceptación dentro del equipo?
- **Sabio (Evaluador):**
    - ¿Quién revisa normalmente los detalles técnicos o financieros?
    - ¿Hay algún aspecto técnico que le preocupe?
- **Tesorero (Negociador):**
    - ¿Quién suele gestionar las negociaciones?
    - ¿Qué ajustes en los términos le harían sentir más cómodo?
- **Consejero (Influencia silenciosa):**

- ¿Hay alguien más cuyas opiniones puedan influir en esta decisión?
- ¿Cómo cree que esta propuesta se percibe dentro de la organización?

## Conclusión: El Poder de los Stakeholders

Identificar a los **stakeholders** es más que un ejercicio de reconocimiento. **Es la clave para tu éxito en ventas.** Cada uno de ellos juega un papel esencial, y sin saber **qué poder tiene cada uno** dentro del proceso, estarás luchando a ciegas. El Rey o Reina decide, el Campeón defiende, el Sabio evalúa, el Tesorero negocia y el Consejero influye desde las sombras. Todos ellos son parte de la maquinaria que puede hacer que tu propuesta avance o se detenga.

**Si no sabes quién tiene el poder en cada etapa, nunca ganarás.** Entender la estructura de poder dentro de una organización es lo que te permitirá navegar con éxito en ventas complejas. Cuando conoces a tus stakeholders, sabes cómo abordar cada conversación, cómo anticipar objeciones y, lo más importante, cómo cerrar ventas más rápido y con mejores resultados.

## CTA:

Deja de vender a ciegas. Si no sabes quién tiene el poder y cómo influyen, tu venta está muerta antes de empezar. Cada minuto sin un mapa claro de tus stakeholders es una oportunidad regalada a la competencia. ¡Actúa ahora! Identifica, entiende y controla el proceso. Mapea a tus stakeholders, evalúa sus posturas y asegúrate de tenerlos de tu lado. No entres a una negociación sin saber quién es quién. El éxito en ventas complejas no es opcional; es tu única salida. ¡Toma el control y cierra como un profesional!

# Capítulo 5: Venta Social: Estrategias para Vender en Redes

Hoy en día, si no estás vendiendo en redes sociales, simplemente no existes. Tus clientes ya no esperan a que los contactes; ellos **investigan, comparan y forman opiniones** mucho antes de que te des cuenta. Y si no estás presente cuando lo hacen, **pierdes la oportunidad de influir en su decisión de compra. La venta social no es una opción, es una obligación.** Si no sabes cómo hacerlo, **estás dejando dinero sobre la mesa.** Este capítulo te mostrará cómo **posicionarte como un líder de opinión**, construir relaciones auténticas y **convertir seguidores en clientes** a través de estrategias efectivas de venta social. **No hay espacio para dudas.** Es el momento de **actuar.**

## 5.1 Cómo Construir Relaciones Auténticas en Redes Sociales

**Las ventas han cambiado.** El enfoque tradicional de ventas **ya no es suficiente**. No puedes aparecer en redes sociales solo para vender; **la gente te ignora**. Las redes sociales son un campo de interacción humana. Si no estás construyendo **relaciones auténticas**, basadas en **confianza** y en **ofrecer valor antes de pedir algo a cambio**, estás **perdiendo oportunidades**. Las redes sociales no son simplemente **un escaparate de tus productos**, son lugares donde las personas conectan y deciden a quién comprar.

### Estrategias para Construir Relaciones Auténticas en Redes:

1. **Sé un humano, no un vendedor**:
   Nadie quiere interactuar con un robot corporativo. **La gente compra de personas, no de empresas.** Tus prospectos quieren saber que detrás de cada publicación **hay alguien que entiende sus problemas** y que está allí para **ofrecer soluciones**. **Interactúa de manera genuina**: comenta sus publicaciones, aporta ideas útiles, **escucha antes de vender**. La confianza se construye en base a la **autenticidad**. No seas un vendedor, sé una persona con soluciones.

2. **Aporta valor antes de pedir algo**:
   Esta es la **regla de oro** en las redes sociales. **No llegues vendiendo desde el principio**, eso **asusta a tus prospectos**. Comparte contenido que **realmente resuelva problemas**: artículos, estudios de caso, videos explicativos que **eduquen a tu audiencia**.

Cuanto más valor aportes, **más fuerte será la relación**. Cuando demuestras que entiendes su negocio, **las ventas llegan solas**.

3. **Escucha activamente:**
No se trata solo de leer comentarios, **se trata de entender lo que tu audiencia necesita**. Si constantemente mencionan problemas con la eficiencia o los plazos de entrega, **aprovecha esa información**. Usa sus propios dolores para ajustar tu propuesta y **mostrarles cómo puedes ayudarlos**. Cuanto más escuches, **mejor será tu oferta**.

## Ejemplo de Impacto:

Carlos, un vendedor de maquinaria para la industria farmacéutica, decidió que LinkedIn no sería su escaparate, sino su plataforma para **educar**. En lugar de enviar mensajes de ventas agresivos desde el primer contacto, comenzó a **publicar artículos sobre cómo la automatización puede reducir errores** en la producción. En pocos meses, **su red de contactos comenzó a solicitarle reuniones**. Carlos no estaba vendiendo maquinaria, **estaba vendiendo confianza y resultados**.

## 5.2 Venta Social en LinkedIn e Instagram: Mejores Prácticas

**No todas las redes sociales son iguales**, y si usas la misma estrategia en todas partes, **estás cometiendo un error de novato**. **LinkedIn e Instagram** tienen dinámicas y funciones completamente diferentes. Si quieres tener éxito, debes **dominar ambas plataformas**, usándolas en todo su potencial para **atraer a la audiencia correcta y cerrar ventas.**

## Venta Social en LinkedIn

**LinkedIn es la plataforma por excelencia para el B2B.** Aquí, el enfoque es más profesional, pero eso no significa que tengas que ser **aburrido o distante**. Los compradores **buscan soluciones**. Si te posicionas como el que tiene las respuestas, estarás **un paso más cerca de la venta**.

1. **Personaliza tus conexiones**:
   No cometas el error de enviar **solicitudes de conexión genéricas**. Eso es para principiantes. **Investiga antes de contactar a alguien**: menciona algo relevante de su perfil, una experiencia en común o un artículo que hayan compartido. **Haz que tu mensaje destaque** entre la avalancha de solicitudes que reciben a diario.

2. **Crea contenido de valor regularmente**:
   En LinkedIn, **el contenido es el rey**. Publicar contenido relevante te **posiciona como un experto en tu sector**. Si vendes maquinaria industrial, comparte **estudios de caso, tendencias del sector o innovaciones tecnológicas** que puedan interesar a tus contactos. **No te promociones a ti mismo**, promociona el conocimiento. **Los expertos atraen oportunidades**.

3. **Aprovecha LinkedIn Sales Navigator**:
   Si no estás usando LinkedIn Sales Navigator, **estás trabajando a ciegas**. Esta herramienta te permite **encontrar a los decisores correctos**, filtrar por industria, cargo o ubicación, y ver quién está interactuando con tu contenido. Aprende a usarlo bien y estarás **un paso adelante en cada interacción**. Es una

de las herramientas más poderosas para vender en LinkedIn. **Dedica tiempo a dominarla.**

## Ejemplo de Uso Efectivo de LinkedIn:

María, gerente de ventas de soluciones para la industria alimentaria, usaba LinkedIn Sales Navigator para **identificar a los responsables de producción** en empresas medianas. No enviaba solicitudes de conexión genéricas, **investigaba cada perfil antes de contactar**, mencionaba algo relevante en su mensaje y, una vez conectados, **publicaba contenido semanal** sobre mejoras en la eficiencia de producción. El resultado fue obvio: **citas agendadas y ventas cerradas.**

## Venta Social en Instagram

**Instagram no es solo para marcas de consumo** o para compartir fotos bonitas. También es una plataforma **increíblemente útil para B2B**, siempre que sepas cómo aprovechar su potencial **visual y emocional.**

1. **Crea publicaciones visuales atractivas:**
   En Instagram, **lo visual manda**. Tus publicaciones deben ser **visualmente impactantes** y, al mismo tiempo, **informativas**. Si vendes maquinaria, muestra **videos de tus equipos en acción**. Destaca las mejoras en productividad o **los resultados tangibles** que tus productos generan. El cliente tiene que ver y entender **cómo tu producto cambia las cosas.**

2. **Usa las historias para mantener la interacción:**
   **Las historias son ideales** para mostrar el día a día de tu empresa, testimonios de clientes o **demos de**

productos. Mantén la atención de tus seguidores mostrando **contenido real**, lo que ocurre detrás de las cámaras. **El contenido cercano genera confianza.**

3. **Colabora con influencers del sector:** No necesitas influencers con millones de seguidores. Solo necesitas a **las personas adecuadas**. Colabora con **influencers que sean respetados en tu nicho**. Cuando ellos hablen bien de tus productos, **tu alcance y credibilidad aumentan exponencialmente.**

---

### Ejemplo de Uso Efectivo de Instagram:

Ana, dueña de una empresa que fabrica soluciones ecológicas de packaging, utilizó Instagram para **mostrar el impacto positivo de sus productos**. Colaboró con expertos en sostenibilidad, quienes **publicaron historias usando sus productos** y hablando de sus beneficios. Como resultado, **aumentó su visibilidad** y cerró contratos con nuevas empresas que **buscaban soluciones ecológicas.**

---

## 5.3 Cómo Ganar Autoridad y Confianza en las Redes

En redes sociales, **la confianza es el activo más valioso**. Si tus prospectos confían en ti, **ni siquiera tendrás que venderles**; ellos vendrán a ti. Pero la confianza no se gana **enviando mensajes fríos de ventas** o publicando contenido genérico. La confianza se construye **aportando valor constante** y demostrando que **eres el experto que tiene las respuestas.**

# Estrategias para Ganar Autoridad y Confianza:

1. **Sé el experto al que todos acuden:**
   No publiques contenido genérico que **cualquiera podría encontrar en Google**. Ofrece soluciones prácticas a los problemas específicos de tu audiencia. **Responde a sus preguntas**, educa sobre tendencias en tu sector y **ayuda a tu audiencia** a resolver problemas reales. Cuanto más sepan que **tienes las respuestas**, más confiarán en ti.

2. **Usa testimonios y estudios de caso:**
   Si tienes **clientes satisfechos**, úsalos para **demostrar tu valor**. Comparte **estudios de caso** que muestren cómo has **resuelto problemas reales** para otros clientes. Los nuevos prospectos verán que **puedes hacer lo mismo por ellos**. Nada genera **más confianza** que el éxito comprobado.

3. **Participa en las conversaciones relevantes:**
   No te limites a publicar. **Sé parte de las conversaciones importantes**. Comenta en publicaciones de otros, responde preguntas y **debate sobre temas que importan**. Al ser un **participante activo**, te posicionas como **una autoridad en tu sector**.

## Ejemplo de Construcción de Autoridad:

Mauricio, vendedor de soluciones automatizadas para la industria del packaging, comenzó a crear **contenido regular** sobre los problemas comunes en el control de calidad.

**Publicaba soluciones**, casos de éxito y respondía a las preguntas de sus contactos. En cuestión de meses, **se posicionó como una autoridad en su nicho.** Cuando las empresas necesitaban una solución, **Mauricio era el primero en ser contactado.**

---

## 5.4 De Seguidor a Cliente: El Viaje en Redes

Tener muchos seguidores **no sirve de nada** si no los **conviertes en clientes.** Puedes tener miles de likes y comentarios, pero si no conviertes esa interacción en ventas, **estás perdiendo el tiempo.** El truco está en **guiar a tus seguidores** a lo largo de un viaje que les haga **desear tu solución.** Y esto **no ocurre de la noche a la mañana.**

---

### Estrategias para Convertir Seguidores en Clientes:

1. **Crea contenido que resuene con sus problemas:** Publica contenido que **hable directamente** de los problemas de tu sector y **cómo tu producto los soluciona.** Si trabajas en maquinaria para el sector farmacéutico, por ejemplo, publica sobre **cómo reducir errores humanos** en la producción o **cómo mejorar la eficiencia operativa.** Haz que tus seguidores **se identifiquen con los problemas** que mencionas, y verán tu producto como **la solución lógica.**

2. **Utiliza llamadas a la acción claras:** Cada contenido debe tener una **llamada a la acción (CTA) clara y específica.** No basta con educar; tienes que **guiar a tus seguidores** hacia el siguiente paso. Después de explicar cómo una nueva tecnología mejora la eficiencia, invita a los prospectos a **agendar una**

**llamada** o a **descargar una guía gratuita** que amplíe la información.

3. **Ofrece algo valioso a cambio de su atención:**
Nadie se convierte en cliente solo porque lo pidas. **Debes darles una razón para actuar.** Ofrece algo valioso como **una guía especializada, un estudio de caso** o un **webinar gratuito** donde expliques cómo solucionar sus problemas con tu producto. Esto no solo los educa, sino que **los acerca más a la compra.**

## Ejemplo de Conversión:

Laura, gerente de ventas de maquinaria para empresas de procesamiento de alimentos, publicaba **estudios de caso** sobre cómo su maquinaria **optimizaba la producción.** Al final de cada publicación, invitaba a los lectores a **descargar una guía gratuita** sobre "Cómo reducir tiempos muertos en la producción". Gracias a esto, **recopiló contactos de prospectos interesados** y, cuando realizó el seguimiento, **ya estaban listos para convertirse en clientes.**

## Resumen Esquemático de los Puntos Clave:

### Construir relaciones auténticas:

- **Sé un humano**, no un vendedor.
- **Aporta valor** antes de pedir algo a cambio.
- **Escucha activamente** y ajusta tu oferta según los problemas reales de tus prospectos.

### Venta Social en LinkedIn e Instagram:

- En LinkedIn, **personaliza cada conexión** y **publica contenido valioso**.
- Usa LinkedIn Sales Navigator para encontrar **decisores clave**.
- En Instagram, **crea contenido visual atractivo** y **colabora con influencers relevantes**.

**Ganar autoridad y confianza:**

- Publica contenido **práctico y útil** que resuelva problemas reales.
- Usa **testimonios y estudios de caso** para generar confianza.
- **Participa activamente** en las conversaciones de tu sector.

**De seguidor a cliente:**

- Publica contenido que **resuene con los problemas** de tu audiencia.
- Usa **llamadas a la acción claras** y específicas.
- **Ofrece algo valioso** a cambio de su atención y prepáralos para la compra.

## Conclusión del Capítulo 4: Venta Social – Cómo Utilizar las Redes para Vender

**La venta social ha cambiado las reglas del juego.** No se trata de empujar productos de manera agresiva, sino de **crear relaciones genuinas**, aportar valor y **convertir seguidores en clientes** a través de **confianza y conocimiento**. Domina las redes sociales y verás cómo tu **visibilidad se dispara** y las **oportunidades de negocio se multiplican**.

CTA:

Las redes sociales son más que un escaparate, son una **máquina de ventas** esperando a ser usada. Empieza a aplicar estas estrategias y mira cómo tus interacciones se transforman en ventas. **¡El momento es ahora!**

# Capítulo 6: Estrategias de Emailing Personal y Creación de Listas

**El email marketing no ha muerto.** Sigue siendo uno de los pilares más efectivos para cualquier estrategia de ventas, y si no lo estás aprovechando al máximo, **estás dejando dinero sobre la mesa.** Una lista de correos bien gestionada es tu activo más valioso. ¿Por qué? Porque, a diferencia de las redes sociales, donde los algoritmos deciden a quién le llega tu contenido, **el correo electrónico te da control total sobre tu comunicación.** Si sabes cómo usarlo, transformarás seguidores en clientes leales y mantendrás relaciones a largo plazo que **generarán ventas recurrentes.**

En este capítulo, **vamos más allá del copywriting básico.** Nos enfocamos en **crear, gestionar y optimizar tu lista de correos,** y en cómo convertirla en tu arma secreta para **generar ventas masivas. La diferencia entre el éxito y el fracaso en ventas puede estar en tu lista de correos.** Vamos a **construirla y hacerla trabajar para ti.**

## 6.1 ¿Por Qué Crear y Mantener una Lista de Contactos es Esencial?

Primero lo primero: **una lista de contactos no es solo un conjunto de correos**. **Es tu red de seguridad, tu activo más valioso, tu puente directo con tus prospectos y clientes**. Si estás construyendo una marca personal o una empresa, **tener control sobre tu comunicación es vital**. En redes sociales, el algoritmo manda. Pero con una lista de contactos, **tú mandas**. Cada mensaje que envías es una **oportunidad directa** de comunicarte con alguien que **ya ha mostrado interés en lo que ofreces**. Si no tienes una lista de correos, **estás perdiendo el control de tu audiencia**.

### Beneficios Clave de Mantener una Lista Valiosa:

1. **Control Total sobre la Comunicación**:
   En redes sociales, estás a merced de los algoritmos. Hoy pueden mostrar tu contenido, mañana te ignoran. **Con el email marketing, tienes el control**. Tú decides cuándo, cómo y qué comunicar. No hay intermediarios. **No hay algoritmos**. Solo tú y tu lista. Si quieres asegurar **una comunicación constante y efectiva** con tus prospectos, el email es **la herramienta**.

2. **Relación Personalizada y Directa**:
   El email te permite **construir relaciones reales y profundas**. No es solo vender, es estar presente en la mente de tus contactos, **ofreciendo valor constantemente**. Cada correo no es una venta, **es un paso más en la construcción de una relación de**

confianza que, a largo plazo, se traducirá en **ventas repetidas**.

3. **Relaciones a Largo Plazo:**
   ¿El cliente no está listo para comprar hoy? **No importa.** Con una lista bien gestionada, **estarás presente cuando lo esté.** A lo largo de meses o incluso años, seguirás interactuando con ese prospecto. Estarás allí cuando esté listo para dar el paso. **No se trata de ventas rápidas**, se trata de **relaciones sólidas** que generen ingresos a largo plazo.

4. **Segmentación y Precisión:**
   Una lista de correos te permite **segmentar a tu audiencia** según sus intereses, comportamiento o ciclo de compra. Esto significa que cada mensaje que envíes será **más relevante y tendrá más impacto**.
   Comparado con una publicación masiva en redes sociales, un correo segmentado tiene el poder de **convertir más rápidamente** porque **habla directamente a las necesidades del prospecto adecuado en el momento adecuado.**

5. **Alto Retorno de Inversión (ROI):**
   El email marketing tiene uno de los mayores ROI de todas las estrategias de marketing digital. **Estudios muestran que cada dólar invertido en email marketing puede generar hasta 42 dólares de retorno.** No estamos hablando de potenciales. **Estamos hablando de números reales.** Si no estás invirtiendo en email marketing, **estás perdiendo dinero.**

# 6.2 Emails que No Suenan a Empresa: Cómo Conectar de Forma Auténtica

¿Sabes lo que mata un buen correo? **Que suene a un panfleto corporativo frío y genérico.** Nadie quiere leer correos que suenan como si los hubiera escrito un robot. Hoy, si quieres que tus correos tengan impacto, **deben sonar auténticos, reales y humanos.** Tienes que **hablar con tu lector, no a tu lector.** Si lo que envías parece otro email corporativo que empuja un producto, **terminará en la papelera** antes de que el destinatario llegue a la segunda línea.

## ¿Por Qué los Correos Auténticos Funcionan?

1. **Conexiones Reales, No Promociones Vacías:**
   Los correos que suenan impersonales hacen que tus prospectos **se desconecten de inmediato.** Si envías un correo que parece un anuncio publicitario, lo ignorarán. Pero si tu mensaje parece **una conversación personal**, generarás una **conexión genuina. Habla con tus prospectos como si estuvieras cara a cara con ellos.** Eso es lo que genera respuesta.

2. **Demuestran Interés Genuino:**
   En lugar de empujar tu producto en cada correo, **demuestra que te importa lo que le pasa a tu prospecto.** Hazle sentir que entiendes sus problemas y que estás allí **para ayudarle, no solo para venderle.** Este enfoque crea **confianza y lealtad.**

3. **Construcción de Marca Personal:**
   Cada correo que envías es una oportunidad para **reforzar tu marca personal.** Si usas un tono cercano y

auténtico, estarás construyendo una imagen de **confianza y profesionalismo. No seas genérico. Sé humano.** Eso es lo que hace que tu audiencia **confíe en ti.**

4. **Genera Expectativa y Anticipación:**
   Cuando tus correos son auténticos y aportan valor, la gente empieza a **esperar tu próximo mensaje.** Y cuando eso sucede, **aumentas las tasas de apertura.** ¿La clave? **Hacer que cada correo cuente.** No llenes el inbox de ruido. **Llénalo de valor.**

## Ejemplo de Impacto:

Esteban, gerente de ventas en una empresa de tecnología, decidió abandonar los emails genéricos y fríos. En lugar de enviar una oferta agresiva, escribió un correo personal a sus prospectos más importantes, explicando cómo su tecnología había ayudado a una empresa similar a **resolver un problema crítico.** El tono fue **auténtico y directo.** El resultado: **una tasa de apertura del 60%** y varias respuestas interesadas en **agendar reuniones.**

## 6.3 Correos Periódicos que Mantienen el Interés: Clave para Generar Engagement

No se trata solo de **estar en la bandeja de entrada.** Se trata de **ser esperado.** Enviar correos periódicos es una oportunidad de **mantener el interés,** educar y **posicionarte como el experto** en quien confían tus prospectos. Cuando llegue el momento de comprar, **serás tú su primera opción.**

# ¿Por Qué los Correos Periódicos Funcionan?

1. **Refuerzan tu Presencia:**
   Si mantienes contacto regular, **tu nombre estará siempre presente** cuando tus prospectos piensen en soluciones. **La constancia es clave.** A través de correos periódicos, te posicionas como un **aliado confiable**, alguien que está allí cuando más lo necesitan.

2. **Educan a tu Audiencia:**
   Tus correos no solo deben vender, **también deben educar.** Usa este espacio para enseñar a tus prospectos sobre su industria, los problemas que enfrentan y las soluciones disponibles. Esto te posiciona como **un experto**, alguien que **no solo quiere vender**, sino que **quiere ayudar.**

3. **Construyen Expectativa:**
   Si envías contenido de valor de manera regular, la gente comenzará a **esperar tus correos.** Eso es oro puro en ventas. Si logras que abran tus mensajes con anticipación y emoción, cuando envíes una oferta o promoción, **las conversiones serán automáticas.**

4. **Relevancia y Personalización:**
   Con la tecnología actual, puedes **personalizar cada correo** según las necesidades específicas de tu audiencia. **No mandes el mismo mensaje a todos.** Cada prospecto está en un momento diferente de su viaje de compra. Habla con ellos de forma **personalizada** para maximizar el engagement.

## Ejemplo de Correos Periódicos:

Laura, especialista en ventas de soluciones SaaS, implementó un plan de correos semanales que **educaban a sus prospectos** sobre los problemas que enfrentaban y cómo su software los resolvía. No se trataba de vender, sino de **crear relaciones educativas**. Después de tres meses de correos periódicos, **su tasa de respuesta aumentó en un 20%**, lo que llevó a reuniones más valiosas con **prospectos altamente calificados**.

---

## 6.4 Automatización de Correos sin Perder el Toque Personal

La automatización es una de las **herramientas más poderosas** que tienes a tu disposición. Automatizar correos te permite **mantener el contacto constante** sin hacer todo manualmente. Pero hay una trampa: si lo haces mal, tus correos pueden sentirse **fríos y robóticos**. El truco es **automatizar sin perder la personalización**. Cada correo debe sentirse como si fuera escrito **específicamente para esa persona**.

---

### Estrategias para Automatizar sin Perder el Toque Personal:

1. **Segmentación Inteligente**:
   No envíes el mismo mensaje a todos. **Segmenta tu lista de contactos** según intereses, comportamientos o el momento en que se encuentran en el ciclo de compra. Un correo segmentado tiene **muchas más**

probabilidades de ser leído y convertir. Habla con cada segmento de manera **relevante y personal**.

2. **Personalización Dinámica:**
Usa los datos que tienes para **personalizar cada mensaje**. El nombre, referencias a interacciones anteriores o recomendaciones basadas en comportamiento pueden hacer que un correo automatizado **se sienta único y personal**.

3. **Automatiza según el Comportamiento:**
Configura tus secuencias de correos para que **se activen según acciones específicas de tus prospectos**. Si abren un correo anterior o hacen clic en un enlace, envía un mensaje de seguimiento personalizado basado en esa interacción. Esto mantiene la **relevancia sin perder la personalización**.

4. **Equilibrio entre Frecuencia y Valor:**
Automatizar no significa **bombardear a tus prospectos con mensajes constantes**. Cada correo debe **ofrecer valor**. Si solo automatizas para mantenerte presente sin aportar algo útil, **serás ignorado**. Equilibra la frecuencia y asegúrate de que cada mensaje **genere un impacto positivo**.

## Ejemplo de Automatización Exitosa:

Carlos, encargado de marketing en una empresa de hardware industrial, implementó una secuencia de correos automatizados que **se activaban cuando un prospecto descargaba un informe técnico** desde su web. A lo largo de varias semanas, cada correo ofrecía contenido adicional relevante y personalizado. Esto no solo **aumentó la interacción**, sino que **logró convertir leads fríos en clientes listos para comprar.**

# Resumen Esquemático de los Puntos Clave:

### Crear y Mantener una Lista de Contactos:

- **Te da control directo** sobre la comunicación, sin depender de algoritmos.
- **Segmenta tu audiencia** y construye relaciones a largo plazo que se traduzcan en ventas repetidas.

### Correos Auténticos:

- Usa un **tono cercano y personal**. Conecta como lo harías en una conversación real.
- **Humaniza tu comunicación** para generar confianza y lealtad.

### Correos Periódicos:

- **Mantén el contacto** de manera constante, ofreciendo valor y educando a tu audiencia.

- **Genera expectativa** para que tus prospectos abran cada correo con interés.

---

## Automatización con Toque Personal:

- Automatiza de manera **inteligente**, segmentando tu lista y personalizando cada mensaje.

- Usa el **comportamiento del prospecto** para activar secuencias que mantengan la relevancia y la cercanía.

---

### Conclusión

Una **lista de contactos bien gestionada** es tu **arma secreta en ventas**. Cada correo es una oportunidad de **aportar valor, construir confianza y guiar a tus prospectos hacia la compra**. Combina la **automatización inteligente con la personalización** y verás cómo tu lista de contactos **se convierte en una máquina de generar ventas**. No esperes más. **Empieza hoy a crear relaciones auténticas con tu lista** y mira cómo los correos bien gestionados **transforman seguidores en clientes fieles**.

CTA:

El email marketing no está muerto. Está más vivo que nunca. Empieza hoy a construir relaciones auténticas con tu lista de contactos y observa cómo **cada correo bien gestionado transforma tus ventas**. ¡El momento es ahora!

# Capítulo 7: Storytelling en Ventas

En un mercado saturado de vendedores y mensajes comerciales, **captar la atención de un lead** es la primera batalla que debes ganar. Puedes tener el mejor producto o servicio del mundo, pero si no logras que tu prospecto te escuche, todo lo demás es irrelevante. Aquí no basta con ser un vendedor más; debes ser **la persona que destaca, la que genera curiosidad** y motiva al lead a escuchar más.

A lo largo de este capítulo, aprenderás **técnicas probadas** para captar la atención en los primeros segundos, romper el hielo de manera efectiva y enganchar a tu prospecto desde el primer contacto. Nos inspiraremos en algunos ejemplos que Fernando Miralles cita en su obra PERSUASIÓN, en los que celebridades como Oprah Winfrey y Steve Jobs han perfeccionado el arte de captar la atención.

# 7.1 Llamadas que Captan la Atención en los Primeros Segundos

El tiempo es oro, y esto nunca ha sido más cierto que en una llamada en frío. **Los primeros segundos son cruciales.** En esos instantes, decides si el prospecto se quedará en la línea o si te despachará rápidamente. Para captar la atención de inmediato, no puedes permitirte titubeos o ser genérico; **debes ir directo al grano** con algo que le interese o sorprenda.

Claves para una Introducción Impactante:

1. **Sé Directo y Claro**: Evita las típicas introducciones de ventas del tipo "¿tienes un minuto para hablar?" o "solo quería presentarme...". **Esas frases ya no funcionan.** Ve directo al punto, muestra confianza y deja claro en los primeros segundos que el tiempo que te van a dedicar será valioso. **Ejemplo:** "Hola, [Nombre], sé que estás ocupado, pero tengo una solución que podría ahorrarte 20% en tus costes operativos este trimestre. ¿Te interesa?"

2. **Ofrece Valor Inmediato**: Tu objetivo en esos primeros segundos es mostrar que estás aquí para **aportar valor**, no solo para vender. Una frase como "Quiero compartir algo que ha funcionado para otros en tu industria" muestra que ya has pensado en cómo ayudarle y le das una razón para escucharte.

3. **Utiliza el Nombre del Prospecto**: Usar el nombre del lead en los primeros segundos es crucial para **personalizar la conversación** y evitar que suene a una llamada genérica. **Ejemplo:** "Hola, Juan. Vi que tu empresa ha lanzado un nuevo producto en el mercado, y tengo una idea sobre cómo podrías acelerar el tiempo de lanzamiento."

4. **Haz una Pregunta Relevante**: Las preguntas despiertan curiosidad y obligan al prospecto a prestar atención. Inicia con algo que lo haga pensar y que esté

relacionado con su negocio o problema actual. **Ejemplo:** "Juan, ¿has notado que los costes de logística han subido un 15% este año? Tengo una solución que podría revertir esa tendencia."

---

## 7.2 Cómo Romper el Hielo y Despertar el Interés

Romper el hielo es uno de los momentos más delicados en cualquier interacción de ventas. Hacerlo mal puede generar una barrera difícil de superar, pero **hacerlo bien crea una conexión instantánea** que pone al lead en una postura más receptiva. **La clave está en ser auténtico y relevante desde el primer momento.**

Celebridades como **Oprah Winfrey** han dominado esta habilidad. Oprah, conocida por su increíble capacidad para conectar con su audiencia, no inicia sus entrevistas o discursos hablando de sí misma o de lo que va a ofrecer; **primero construye un puente emocional**. Habla de los sentimientos, problemas o emociones que su audiencia ya está experimentando. Lo que hace es personalizar el mensaje para que cada persona sienta que **les está hablando directamente**.

Estrategias para Romper el Hielo:

1. **Usa Información Personalizada**: Antes de hacer una llamada o enviar un correo, invierte tiempo en **investigar sobre tu prospecto**. Usa detalles específicos que demuestren que te has interesado en su situación. **Ejemplo:** "Noté que tu empresa ha crecido un 30% el año pasado. ¿Cómo estás gestionando ese crecimiento tan rápido?"

2. **Haz Alusión a un Problema Común**: Menciona algo que sabes que afecta a la mayoría de las empresas en su sector y plantea cómo puedes ayudarle a

solucionarlo. **Ejemplo:** "Sé que la mayoría de las empresas en tu industria están luchando con la rotación de personal. ¿Te está afectando también?"

3. **Refiere a Alguien en Común o un Logro Público:** Si tienes conexiones compartidas o si tu prospecto ha sido mencionado en una noticia, úsalo para abrir la conversación. Esto crea **un sentido de familiaridad** que facilita la entrada. **Ejemplo:** "Vi que publicaste un artículo sobre innovación en la automatización industrial. Fue un enfoque muy interesante."

4. **Humor Ligero y Apropiado:** El humor es arriesgado, pero cuando se usa de manera adecuada, **rompe la tensión y te hace memorable**. Usa algo relacionado con el contexto, pero sin pasarte de la raya. **Ejemplo:** "Juan, no voy a prometerte que este producto resolverá todos los problemas del mundo, pero te aseguro que puede hacerte ahorrar unos cuantos dolores de cabeza."

**George Clooney** ha utilizado el humor en su discurso para conectar con diferentes audiencias. En una entrevista, habló sobre sus fracasos como una parte fundamental del éxito, haciéndolo con un tono desenfadado y bromeando sobre sí mismo. Esto generó **empatía instantánea** con la audiencia, haciéndolo parecer más cercano y accesible.

## 7.3 Estrategias para Enganchar en el Primer Contacto

El primer contacto con un prospecto debe **enganchar su atención** y, sobre todo, mantenerlo interesado en seguir la conversación. Este es el momento de sembrar la semilla que hará que el lead quiera saber más de ti y de tu propuesta.

**Steve Jobs** dominaba esta técnica en sus presentaciones. No comenzaba hablando del producto en sí, sino **creando una narrativa** sobre el problema que el público aún no sabía que tenía. Generaba curiosidad y un deseo de saber cómo resolver ese problema, haciendo que su audiencia estuviera completamente enganchada antes de revelar la solución.

Técnicas para Enganchar en el Primer Contacto:

1. **Enfócate en el Dolor del Cliente**: Cada cliente tiene un problema o "dolor" que necesita resolver. **Tu trabajo es identificarlo rápidamente** y hablar sobre cómo puedes ayudar a aliviarlo. **Ejemplo:** "Sé que muchas empresas están gastando más de lo que deberían en procesos obsoletos de embalaje. ¿Te gustaría reducir esos costes?"

2. **Genera Curiosidad con un Problema que No Saben que Tienen**: A veces, los clientes no son conscientes de todos sus problemas. Al presentarles una nueva perspectiva o mostrarles algo que no habían considerado, **despiertas su curiosidad**. **Ejemplo:** "La mayoría de las empresas en tu sector creen que tienen controlado el inventario, pero un pequeño ajuste puede incrementar la eficiencia en un 15%. ¿Te interesa saber cómo?"

3. **Plantea un Desafío**: Retar al cliente de manera respetuosa es una técnica poderosa para **generar interés**. Los leads que sienten que tienen algo por resolver son más propensos a continuar la conversación. **Ejemplo:** "Apuesto a que tu equipo de ventas está a un paso de ser el más eficiente de la industria, pero hay una pieza clave que te falta. ¿Te gustaría descubrir cuál es?"

4. **Ofrece un Beneficio Tangible Desde el Principio**: Los clientes quieren saber "¿qué gano yo con esto?". Responde esa pregunta rápido y de forma clara. **Ejemplo:** "Si aplicas esta estrategia, puedes aumentar

tu margen de beneficio un 10% en los próximos 3 meses. ¿Te gustaría saber más?"

5. **Usa Testimonios o Resultados Anteriores**: Los prospectos necesitan prueba de que lo que ofreces funciona. **Menciona casos de éxito** o resultados medibles que has logrado con otros clientes. **Ejemplo:** "Uno de mis clientes en tu sector redujo sus costes de producción en un 12% utilizando esta solución. Me encantaría mostrarte cómo lo lograron."

# Resumen Esquemático de los Puntos Clave

1. **Llamadas que Captan la Atención:**
   - Sé directo, utiliza el nombre del prospecto y muestra valor desde los primeros segundos.
   - Haz preguntas relevantes que obliguen al lead a prestar atención y querer escuchar más.

2. **Romper el Hielo:**
   - Usa información personalizada, alude a un problema común o comparte un logro público del prospecto.
   - Usa humor ligero y adecuado para reducir la tensión y generar cercanía, como George Clooney.

3. **Estrategias para Enganchar en el Primer Contacto:**
   - Enfócate en el dolor del cliente y muestra cómo puedes solucionarlo.
   - Genera curiosidad con problemas ocultos, plantea desafíos y ofrece beneficios tangibles desde el principio.

# Conclusión

Captar la atención de un lead no es solo cuestión de suerte; es una habilidad que puede perfeccionarse. Los primeros segundos son cruciales para marcar la diferencia entre captar el interés o ser ignorado. Con las estrategias adecuadas, puedes romper el hielo, generar curiosidad y mantener a tus prospectos enganchados en la conversación.

## CTA

¿Estás listo para captar la atención de tus leads como nunca antes? No esperes a que te escuchen, haz que te escuchen. Pon estas técnicas en práctica en tu próxima llamada o email y descubre cómo puedes dominar cualquier conversación desde el primer segundo. ¡Hazlo ahora y ve los resultados!

# Capítulo 8: La Venta Consultiva

En el mundo actual, vender ya no es suficiente. Si quieres destacar entre la competencia y **ganar la confianza de tus clientes**, necesitas ir más allá del simple acto de ofrecer un producto. **Los clientes no buscan vendedores, buscan asesores de confianza**, personas que **entiendan su negocio**, sus desafíos y que puedan guiarlos hacia soluciones reales y a largo plazo. **Ahí es donde entra la venta consultiva.**

Este enfoque **transforma al vendedor en un estratega**, un aliado clave para el éxito del cliente. **No vendes productos, vendes soluciones que transforman negocios.** En este capítulo, te mostraré cómo **dominar la venta consultiva**, convertirte en un asesor estratégico y **guiar a tus clientes hacia decisiones que generen resultados.**

# 8.1 Cómo Actuar como un Asesor de Confianza

Ser un asesor de confianza significa que el cliente te vea como mucho más que un proveedor. **Te conviertes en su aliado**, en la persona a la que recurren cuando enfrentan problemas o buscan mejorar su negocio. **¿Cómo logras eso?** Cambiando tu enfoque y adoptando **tres pilares esenciales**:

### 1. Empatía y Comprensión Profunda del Cliente

Si quieres ser un buen asesor, primero tienes que **entender profundamente a tu cliente**. Olvídate de hablar solo de tu **producto**. Antes de ofrecer cualquier solución, necesitas conocer **los dolores, los desafíos y las aspiraciones del cliente**. No basta con hacer **preguntas superficiales**, necesitas profundizar en sus preocupaciones.

Simon Sinek, autor del famoso libro **"Start with Why"**, insiste en que **entender el "por qué" de tu cliente es esencial**. Sinek afirma que los grandes vendedores **no solo venden productos, venden el propósito detrás de esos productos**. ¿Por qué tu **cliente necesita esa solución?** ¿Qué impacto tendrá en su negocio? Esa es la clave para **conectar a un nivel profundo**.

**Estrategia**:
Haz preguntas que exploren las preocupaciones del cliente en profundidad. No te limites a preguntar por el problema técnico o el desafío puntual. Pregunta: **"¿Cómo este problema afecta a tu negocio en general?"** o **"¿Qué te está costando no

resolver esto ahora?". Cuanto más entiendas de sus dolores, mejor podrás guiarlo.

## 2. Posicionarte como el Experto Confiable

Un asesor de confianza no solo conoce su producto, también entiende **todo el ecosistema en el que se mueve su cliente**. Debes demostrar que **comprendes las tendencias de su industria**, sus desafíos futuros y las oportunidades que no han considerado. **Sé el experto que anticipa problemas antes de que el cliente los vea.**

Oren Klaff, autor de **"Pitch Anything"**, habla sobre la importancia de **dominar el marco en cualquier conversación**. Si controlas la narrativa y te posicionas como la persona que **sabe más que nadie** sobre la situación del cliente, automáticamente te conviertes en el experto. **El cliente te verá como alguien que tiene las respuestas.**

**Consejo:**
Comparte **casos de éxito**, estudios de mercado y ejemplos concretos que demuestren cómo has **resuelto problemas similares** para otros clientes. Cuanto más demuestres tu capacidad de **anticipar problemas**, más te valorarán.

## 3. Construir Relaciones de Largo Plazo

La venta consultiva no se trata de **cerrar el trato rápidamente**, se trata de **construir relaciones que duren años**. Cuando te preocupas genuinamente por el éxito del cliente, ellos lo perciben. **Las relaciones a largo plazo generan más ventas,** más referencias y más lealtad.

Brian Tracy, experto en ventas, afirma que **la confianza es el fundamento de todas las relaciones exitosas**. Según Tracy, **los clientes vuelven a aquellos vendedores en los que confían plenamente**, y esa confianza se construye a través de la **consistencia, la honestidad y el valor constante que ofreces**.

**Ejemplo**:
No basta con vender una máquina industrial a una empresa de packaging. **Debes entender su flujo de producción completo**, anticipar posibles cuellos de botella y ofrecer **mantenimiento preventivo que optimice sus operaciones a largo plazo**. Eres un socio, **no un simple proveedor**.

## 8.2 Propuestas Personalizadas que Brillan

Una de las diferencias clave entre un vendedor promedio y un asesor de confianza es **la calidad de las propuestas que entregan**. Los vendedores promedio envían ofertas genéricas, ajustadas con ligeros cambios. **Los asesores de confianza crean propuestas personalizadas**, que reflejan un **entendimiento profundo del negocio del cliente**. Estas propuestas **no solo venden productos, venden soluciones a medida**.

## Elementos Clave de una Propuesta Personalizada Efectiva:

1. **Diagnóstico Detallado:**
   No puedes ofrecer una solución sin antes haber diagnosticado completamente el problema. Esto no se trata solo de identificar síntomas, se trata de **entender la causa raíz de los desafíos del cliente**. El cliente debe ver que **realmente comprendes su situación**.

**Consejo:**
No te limites a ofrecer un producto. Ofrece **un plan estratégico** que aborde las causas subyacentes de los problemas del cliente. **Apoya tu diagnóstico con datos concretos** y demuestra que has invertido tiempo en entender su negocio.

2. **Presenta un ROI Claro:**
   A los clientes les importa una cosa por encima de todo: el **retorno de inversión (ROI)**. Si no puedes demostrar claramente cómo tu solución **mejorará su negocio en términos cuantificables**, perderás su interés. El ROI **debe ser evidente**.

Jeffrey Gitomer, autor de **"El Pequeño Libro Rojo de las Ventas"**, explica que **los clientes no compran productos, compran resultados**. Si puedes mostrar cómo tu solución **les hará ganar más o gastar menos**, tendrás su atención.

**Consejo:**
Usa ejemplos concretos de cómo otros clientes similares **han obtenido resultados medibles**. Si vendes tecnología para automatización, explica cómo otra empresa **mejoró su productividad en un 20%** gracias a tu solución.

3. **Hacer la Propuesta Fácil de Digerir:**
   Una propuesta personalizada no debe ser complicada. **Debe ser clara, directa y fácil de entender**. Usa gráficos, diagramas y tablas para que el cliente pueda ver rápidamente los beneficios y las soluciones que ofreces.

**Estrategia:**
Divide tu propuesta en secciones claras: **diagnóstico, solución, beneficios y próximos pasos**. Facilita la lectura para que el cliente vea el valor **desde el primer vistazo**.

## 8.3 Plan de Acción Mutuo: Cómo Hacer que el Cliente lo Vea Claro

Un asesor de confianza no solo presenta una propuesta, **guía al cliente en la implementación de la solución**. Un plan de acción mutuo es la herramienta ideal para asegurarte de que tanto tú como el cliente están **alineados y comprometidos con los próximos pasos**. Este plan clarifica el proceso y genera compromiso de ambas partes.

## Pasos para Crear un Plan de Acción Efectivo:

1. **Define Metas Medibles**:
   No hay plan sin metas claras. Un buen plan de acción comienza con **objetivos específicos, medibles y realistas**. Esto asegura que tanto tú como el cliente **saben exactamente qué esperar**.

**Consejo**:
Establece **métricas claras** como el aumento en la productividad, reducción de costos, etc., y **asigna fechas límite** para cada objetivo.

2. **Clarifica las Responsabilidades**:
   El cliente debe saber qué parte del plan le corresponde a él y qué parte te corresponde a ti. Esto **evita malentendidos** y asegura que todos están comprometidos.

**Consejo**:
Divide el plan en **fases claras** con responsables específicos para cada tarea, tanto de tu equipo como del lado del cliente.

3. **Crea un Seguimiento Continuo**:
   El seguimiento es esencial para asegurarte de que el plan se está implementando correctamente. **Programa reuniones periódicas**

para evaluar el progreso, ajustar el plan si es necesario y **mantener el compromiso**.

**Estrategia**:
Usa **herramientas de gestión de proyectos** o un calendario compartido para mantener al cliente informado y al tanto de cada paso. **La transparencia genera confianza.**

## Conclusión del Capítulo

**La venta consultiva es el arte de convertirte en el asesor de confianza que todo cliente necesita.** No se trata solo de ofrecer productos, se trata de **entender profundamente los problemas del cliente**, ofrecer soluciones personalizadas y guiar el proceso hacia el éxito mutuo. **Un cliente que te ve como su asesor estratégico te buscará una y otra vez.**

Las propuestas personalizadas y los planes de acción mutuos son las herramientas que te permitirán **destacar, generar valor real** y **construir relaciones duraderas con tus clientes. Conviértete en el asesor de confianza que soluciona problemas y transforma negocios.**

# Resumen Esquemático de los Puntos Clave:

### Asesor de Confianza:

- **Escucha y comprende profundamente** las necesidades del cliente.
- Actúa como **un socio estratégico**, no solo como un vendedor.
- Desarrolla **relaciones de largo plazo** basadas en confianza y valor aportado.

### Propuestas Personalizadas:

- Realiza un **diagnóstico exhaustivo** y presenta soluciones adaptadas.
- Ofrece un **ROI claro y medible** que hable de beneficios a largo plazo.
- Usa **herramientas visuales** para simplificar la propuesta y hacerla más impactante.

## Plan de Acción Mutuo:

- Define **metas medibles** y plazos específicos.
- Clarifica las **responsabilidades** de ambas partes.
- Realiza un **seguimiento continuo** para ajustar el plan y asegurar su cumplimiento.

CTA:

¿Estás listo para llevar tus habilidades de ventas al siguiente nivel? Conviértete en el **asesor de confianza** que tus clientes necesitan. Empieza a crear **propuestas personalizadas** y **planes de acción** que transformen la relación con tus clientes. **¡El momento es ahora!**

# Capítulo 9: Gestión de Objeciones Avanzada

**Dominar las objeciones no es una opción, es una obligación.** Si no sabes manejar las objeciones, no estás vendiendo, simplemente **estás perdiendo tiempo**. Las objeciones **no son el enemigo**; son la puerta que te abre el camino hacia el "sí". Los vendedores que temen las objeciones **son los que se quedan estancados**, mientras que los que las manejan de forma avanzada **cierran más ventas y construyen relaciones más fuertes**.

Jill Konrath, autora de **"Selling to Big Companies"**, lo deja claro: una objeción no es un rechazo, **es una oportunidad para demostrar tu valor y resolver las dudas del cliente**. El cliente no te está rechazando; **está buscando razones para confiar en ti**. Si logras abordar esa objeción, **te habrás ganado el derecho a cerrar la venta**.

## 9.1 La Naturaleza de las Objeciones en Ventas

Las objeciones **no son obstáculos**; son señales de que el cliente **está involucrado**. Si un cliente objeta, significa que **está interesado, pero tiene dudas**. Neil Rackham, autor de **"SPIN Selling"**, clasifica las objeciones en dos tipos:

- **Objeciones Verdaderas**:
  Son preocupaciones **reales** que el cliente tiene sobre el producto, el precio, las funcionalidades o la compatibilidad con sus necesidades. **Estas son las que tienes que resolver con argumentos sólidos.**

- **Objeciones Falsas o Defensivas**:
  Estas son barreras emocionales que el cliente levanta para **evitar el compromiso**. No siempre reflejan una preocupación real; a menudo son excusas o señales de que el cliente **aún no está listo para tomar una decisión**.

Brian Tracy, en su libro **"Psicología de Ventas"**, explica que las objeciones suelen aparecer cuando el cliente siente algún tipo de **riesgo**: miedo al cambio, miedo a perder dinero, miedo a tomar una mala decisión. El verdadero vendedor ve cada objeción como **una oportunidad para profundizar y demostrar el valor real** de lo que ofrece.

**Conclusión**:
**No huyas de las objeciones, enfréntalas.** Cada objeción es una **oportunidad para establecer confianza** y avanzar en el proceso de venta. Si aprendes a manejarlas correctamente, **serás imparable**.

## 9.2 La Importancia de Escuchar Activamente

La **escucha activa es tu arma secreta**. La mayoría de los vendedores fallan en esto porque están **más preocupados en responder que en entender**. Daniel Pink, en su obra **"Vender es Humano"**, afirma que los vendedores más efectivos son aquellos que **escuchan con empatía**. Esto significa entender no solo lo que el cliente dice, sino también **lo que no dice**. Las objeciones que escuchas son solo **la punta del iceberg**. Si no las manejas correctamente, estarás dejando preguntas sin respuesta y **perderás la venta**.

### Técnicas de escucha activa para manejar objeciones:

- **Reformulación y Clarificación**:
  Cuando un cliente plantea una objeción vaga o general, **no asumas inmediatamente cuál es el problema real**. Reformula su preocupación y dales la oportunidad de profundizar.
  Ejemplo:
  **"Parece que el precio es un factor clave para ti. ¿Es solo el costo inicial lo que te preocupa, o estás comparando con alguna otra opción?"**

- **Preguntas de Sondeo**:
  Profundiza en la verdadera preocupación del cliente. Una objeción superficial puede esconder una duda más profunda.
  Si te dicen: **"No estoy seguro de que necesitemos esto ahora"**, responde:

"Entiendo, ¿qué ha cambiado en tus prioridades que te hace pensar que no es el mejor momento?"

- **Pausa Táctica:** Cuando el cliente plantea una objeción, **no te apresures a responder.** Tómate unos segundos para reflexionar. Esto te da tiempo para pensar y le muestra al cliente que **estás tomando en serio su preocupación.**
Ejemplo:
"**Esa es una preocupación válida. Déjame pensar cómo podemos aclararlo.**"

**Conclusión:**
**Escucha más, habla menos.** Cuanto más comprendas la preocupación real del cliente, **más eficaz será tu respuesta.** Las respuestas rápidas y automáticas matan las ventas. **Escuchar bien es lo que te hará cerrar más tratos.**

## 9.3 Preparación para Objeciones Comunes

**La anticipación es poder.** No puedes esperar que las objeciones te sorprendan. Grant Cardone, en su libro **"Vendes o Vendes",** explica que los mejores vendedores **no dejan nada al azar.** **Se preparan de antemano** con respuestas sólidas y entrenadas. **Si no estás preparado, el cliente lo sentirá y perderás autoridad.**

## Herramientas para estar preparado:

- **Mapa de Objeciones Comunes:**
  Enumera las **10 objeciones más frecuentes** que enfrentas en tu proceso de ventas. Desarrolla **respuestas específicas para cada una de ellas.** Roman Kmenta, en **"Vender sin Peros"**, sugiere crear un **"mapa de objeciones"** para que las puedas enfrentar con confianza y seguridad.

- **Simulaciones con el Equipo:**
  Practica objeciones difíciles en **escenarios simulados con tu equipo.** El papel lo aguanta todo, pero una simulación en vivo te prepara para la realidad. **Pon a alguien a actuar como cliente** y entrena tu capacidad de respuesta en situaciones de alta presión.

- **Investiga a Fondo:**
  **Conoce bien al cliente** antes de la reunión. Si sabes que han tenido problemas previos con proveedores, puedes anticipar que el **soporte post-venta será una preocupación** y abordarlo proactivamente.

**Conclusión:**
**Anticípate a las objeciones y prepárate como si fuera una batalla.** Un vendedor que se adelanta a las preocupaciones del cliente **tiene el control de la conversación.**

## 9.4 Técnicas para Manejar Objeciones en el Momento

Cuando una objeción surge en una conversación, **el tiempo es clave**. Si te precipitas en refutar una objeción sin entenderla completamente, **estás cavando tu propia tumba**. Jim Camp, en **"No Empieces por el Sí"**, enseña que los vendedores deben **resistir el impulso de responder inmediatamente**. El control **lo tienes tú**, pero solo si manejas la objeción con calma y estrategia.

### Técnicas para manejar objeciones en el momento:

- **Aplazamiento Estratégico**:
  Si no estás listo para responder una objeción de inmediato, **aplázala para más tarde**. Esto te da tiempo para construir tu respuesta y mantiene el flujo de la conversación.
  Ejemplo:
  **"Entiendo que el precio sea una preocupación. Me gustaría explicarte algunos beneficios clave de esta solución y luego podemos analizar cómo se justifica el costo."**

- **Aprovecha las Objeciones como Oportunidades**:
  Cada objeción es una puerta abierta para **educar al cliente sobre el valor de tu producto**. Si te dicen: **"No creo que necesitemos este servicio"**, responde: **"Entiendo, pero si consideramos los problemas recientes que has enfrentado en tu gestión, este servicio podría prevenir esas ineficiencias."**

- **Replanteamiento Positivo:**
Convierte la objeción en una oportunidad para destacar una ventaja. Ejemplo: Si te dicen: **"Esto parece un proyecto complicado"**, responde: **"Es cierto, pero es porque es una solución robusta que cubre todas tus necesidades, y nuestro equipo te guiará en cada paso para asegurar que todo funcione sin problemas."**

**Conclusión:**
No te precipites. Cada objeción es una **oportunidad para avanzar**, pero solo si sabes cómo manejarla con **inteligencia y calma**. **La rapidez sin reflexión mata las ventas.**

## 9.5 Superar Objeciones de Precio

El precio es la objeción más común, pero **rara vez es la verdadera razón** detrás de la resistencia. Brian Tracy, en **"Psicología de Ventas"**, explica que la objeción de precio generalmente encubre una **falta de comprensión del valor**. Cuando el cliente te dice que el precio es demasiado alto, en realidad está diciendo que **aún no ve el valor en lo que ofreces**.

### Cómo manejar las objeciones de precio:

- **Enfócate en el Valor:**
Cambia la conversación de "cuánto cuesta" a **"cuánto valor genera"**. Si te dicen que el precio es alto,

responde:
"Entiendo, pero si consideramos que esta solución puede ahorrarte un 20% en costos operativos, verás que la inversión inicial se recupera rápidamente."

- **Comparación Clara**:
A veces, el cliente no tiene un marco de referencia adecuado para entender el valor. Haz comparaciones que pongan el precio en perspectiva.
Ejemplo:
**"Este software puede parecer caro, pero si lo comparamos con los 50.000 euros que estás perdiendo anualmente por ineficiencias, verás que se paga solo en meses."**

**Conclusión**:
**El precio no es el problema**; la falta de valor lo es. Si puedes demostrar claramente el valor de tu solución, **la objeción de precio desaparece**.

## 9.6 Superar Objeciones de Necesidad

Cuando un cliente **no ve la necesidad** de tu producto o servicio, es un indicativo de que fallaste en el **descubrimiento de sus problemas**. Aquí es donde debes **crear una brecha entre su situación actual y la deseada**. Muéstrales el **impacto de sus problemas actuales** y cómo tu solución cierra esa brecha.

### 9.7 Objeciones de Tiempo y Confianza

La objeción de tiempo suele ser una excusa que encubre otros miedos, como el **miedo al cambio o la falta de confianza**. Tu trabajo es desvelar lo que realmente preocupa al cliente. **La falta de confianza puede superarse** con testimonios, garantías o pruebas que **eliminen el riesgo percibido**.

## Conclusión del Capítulo 8:

**El manejo de objeciones no es una barrera, es una oportunidad.** Si te preparas bien, escuchas activamente y eres capaz de **reformular las objeciones de forma constructiva**, no solo vencerás las barreras que los clientes levantan, sino que además **cerrarás más ventas y fortalecerás la relación con el cliente.**

## Resumen Clave:

- Prepárate para las objeciones **con antelación.**

- **Escucha activamente** y reformula las preocupaciones del cliente.

- **Muestra valor por encima de precio.**

- Convierte las **objeciones en oportunidades** para cerrar el trato.

### CTA:

"Aplica estas técnicas la próxima vez que te enfrentes a una objeción y verás cómo cambian las conversaciones. Empieza a manejar objeciones como un experto y convierte los 'no' en 'sí'."

# Capítulo 10: Presentaciones Impactantes y Cómo Hablar en Público

Hablar en público es uno de los retos más temidos, pero también una de las herramientas más poderosas para generar impacto. Ya sea ante ejecutivos, en un evento industrial o en una videollamada, tu capacidad para articular ideas y conectar emocionalmente te convierte en un vendedor excepcional. Una mala presentación puede costarte una venta o dañar tu reputación, mientras que una sólida y persuasiva genera ventas, afianza confianza y destaca tu experiencia en el sector.

Los grandes oradores como Steve Jobs o Martin Luther King no nacieron con un don; perfeccionaron sus técnicas para persuadir y generar cambios. Este capítulo te enseñará a controlar cualquier escenario, transmitir con convicción y cerrar ventas desde el escenario, físico o virtual.

## 10.1 Cómo Estructurar una Presentación que Cautive a tu Audiencia

**La estructura es el alma de una presentación.** No puedes improvisar y esperar grandes resultados. Una presentación desordenada genera **confusión**, mientras que una bien estructurada genera **confianza** y mantiene la atención de la audiencia. Si alguna vez has visto una presentación de **Steve Jobs**, te darás cuenta de que nunca empezaba hablando de las características técnicas de sus productos. Primero contaba una **historia**, generaba **emoción** y hacía que la audiencia **deseara el producto antes de verlo**. Este es el enfoque que debes adoptar.

---

### 1. Apertura con Impacto

El primer minuto de tu presentación es crítico. **Este es el momento** en el que decides si el público se engancha o empieza a desconectar. La primera impresión que causas **determinará si te siguen** el resto de la presentación. No tienes tiempo que perder. **Los grandes oradores** lo saben y entran directamente al grano, capturando la atención con una **declaración sorprendente**, una **pregunta provocativa** o una **historia relevante**. La clave está en no empezar con información irrelevante o demasiado técnica. Si lo haces, corres el riesgo de **perder la atención** desde el principio.

**Ejemplo práctico**: Barack Obama solía comenzar sus discursos abordando las preocupaciones más inmediatas de la audiencia, lo que creaba una **conexión instantánea**. No es suficiente presentarte y decir quién eres; eso lo puedes dejar para después. **Empieza con algo que les importe a ellos**, algo que despierte su curiosidad o preocupación.

**Práctica**: Imagina que vendes soluciones de automatización industrial. En lugar de comenzar explicando las características de tu producto, podrías empezar con una afirmación que resuene con los miedos y preocupaciones de tu audiencia. Por ejemplo:
"¿Sabías que el 85% de las empresas que no se digitalicen en los próximos cinco años perderán su competitividad? La transformación digital no es solo una tendencia; es una cuestión de supervivencia."

Este tipo de declaración **genera urgencia**. No estás vendiendo un producto; estás vendiendo una solución a un problema que está afectando a tu audiencia en este momento. Si consigues que en el primer minuto estén atentos y preocupados por el futuro de su negocio, **has logrado tu primera victoria**.

---

## 2. Identifica el Problema

Una vez que has captado la atención, debes hacer que el público **sienta el problema** que estás describiendo. No se trata solo de mencionarlo superficialmente, sino de hacerlo **tangible y urgente**. Aquí es donde entra la **empatía**. Debes describir el problema de tal manera que la audiencia se **reconozca en él** y sienta que es un desafío que deben abordar de inmediato. **Martin Luther King**, con su discurso "I Have a Dream", describía con tal precisión las injusticias que sus oyentes las sentían en su propia piel. Tu trabajo como vendedor es lograr que tu audiencia **sienta lo mismo respecto a su situación actual**.

**Ejemplo práctico**: Supongamos que estás vendiendo un software para mejorar la eficiencia de la cadena de suministro. En lugar de simplemente enumerar las funcionalidades del producto, describe los **dolores** y **problemas comunes** que tu audiencia probablemente está experimentando. Puedes decir algo como:
"El 70% de las empresas con las que he trabajado han visto

cómo sus costos de operación se disparan debido a ineficiencias en la cadena de suministro. Lo peor es que muchas de ellas no sabían ni siquiera dónde estaban fallando hasta que ya era demasiado tarde."

Haces que el cliente **sienta la gravedad del problema**. Lo haces real y urgente. Esto es fundamental, ya que solo cuando la audiencia siente que el problema es **relevante para ellos**, estarán dispuestos a buscar una solución. Los grandes oradores no describen los problemas superficialmente; **los traen a la vida** de manera que la audiencia **no pueda ignorarlos**.

## 3. Presenta la Solución

Este es el momento en el que introduces tu producto o servicio como la **solución definitiva**, pero no lo presentes como una simple opción más; debes hacerlo ver como **la única respuesta lógica y viable** para resolver el problema que acabas de describir. Aquí es donde **Steve Jobs** brillaba. No describía el iPhone solo como un teléfono con funcionalidades; lo presentaba como un dispositivo revolucionario que cambiaría la forma en que **interactuamos con el mundo**.

**Ejemplo práctico**: En lugar de describir tu software como una herramienta más, puedes presentarlo de esta manera: **"La solución que te propongo no es solo un software más. Es una herramienta que, en manos de tu equipo, eliminará esas ineficiencias que están drenando tus recursos. Con nuestro sistema, podrás reducir los tiempos de inactividad en un 25% y aumentar tu productividad en un 30% en menos de seis meses. Esto no es una promesa; es una garantía."**

Aquí no solo estás hablando de funcionalidades, estás mostrando **resultados**. El cliente no quiere saber solo lo que hace tu producto; quiere saber **qué cambios concretos y medibles** va a generar en su negocio. Debes enfocarte en cómo tu producto transforma la situación actual del cliente, cómo resuelve el problema que has descrito previamente, y cómo proporciona un **valor tangible**.

## 4. Evidencia Concreta

Una buena historia y una propuesta convincente no son suficientes sin evidencia que **respalde tus afirmaciones**. Los testimonios, estudios de caso y datos concretos son tus mejores aliados aquí. La audiencia necesita **pruebas tangibles** de que lo que ofreces ha funcionado antes y puede funcionar para ellos.

**Ejemplo práctico:**
**"Hace seis meses, una empresa similar a la tuya decidió implementar nuestra solución. En solo tres meses, vieron una reducción del 20% en sus costos operativos y una mejora del 35% en la eficiencia de su cadena de suministro. Y eso es solo el principio. Imagina lo que podrías lograr si implementas esta solución hoy."**

Aquí, lo que estás haciendo es **demostrar con hechos** que lo que propones no es una simple teoría o promesa vacía. Haz tangible tu promesa. No permitas que el cliente quede solo con una idea vaga de los beneficios; **muéstrale cómo tu producto ya ha transformado** otras empresas similares.

## 5. Cierre Contundente

Un buen cierre es lo que separa a una presentación exitosa de una que será olvidada en minutos. **Martin Luther King** cerraba con palabras poderosas que siguen resonando hoy: "Free at last". El cierre debe dejar una marca y hacer que tu audiencia **se vea obligada a actuar**. Aquí, debes dejarles claro que hay una

**urgencia en actuar** y que las consecuencias de no hacerlo serán tangibles para su negocio.

**Ejemplo práctico:**

"La transformación digital ya no es opcional. ¿Vas a ser uno de los líderes que guiará a tu empresa hacia el futuro, o te quedarás atrás mientras tu competencia se adelanta?"

Este tipo de cierre pone el poder de decisión en manos del cliente, pero al mismo tiempo le deja claro que **no actuar con rapidez** puede tener consecuencias negativas. El mensaje debe ser fuerte y claro, sin dejar espacio para la indecisión. **El cliente debe sentir** que actuar ahora es su **única opción lógica** y que no hacerlo tendría un **impacto negativo** en su futuro.

## 10.2 Técnicas de Hablar en Público que Generan Confianza

Hablar en público puede parecer intimidante, pero **los grandes oradores no son los que nunca sienten miedo**, sino los que aprenden a **controlar ese miedo** y convertirlo en **energía positiva**. La confianza no surge de la nada; se construye con **técnica**, **práctica** y un dominio consciente de cómo **proyectar seguridad**. A continuación, te comparto técnicas específicas que puedes utilizar para generar una mayor confianza en tu audiencia.

### 1. Contacto Visual

El contacto visual es una de las herramientas más efectivas para **generar confianza**. Cuando haces contacto visual con tu audiencia, les estás diciendo que los estás **involucrando** directamente en la conversación, que te importa su reacción y que te sientes seguro de lo que estás diciendo.

**Consejo práctico**: Divide la sala en tres secciones. Mira a cada sección durante 10-15 segundos antes de cambiar a la siguiente. Esto asegura que toda la audiencia **sienta tu atención**.

## 2. Pausas Estratégicas

El silencio puede ser una de las herramientas más poderosas en una presentación. Las pausas estratégicas no solo te permiten **recuperar el control** de tu discurso, sino que también dan tiempo a tu audiencia para **asimilar la información** y generar expectativa sobre lo que viene. **Steve Jobs**, por ejemplo, era famoso por sus pausas en los momentos clave, dejando que su audiencia "saboreara" sus palabras antes de presentar la siguiente gran idea.

**Consejo práctico**: Después de dar una estadística impactante o una afirmación clave, haz una pausa de 2-3 segundos. Por ejemplo, si estás vendiendo una solución tecnológica que ahorra costos, podrías decir:
**"Este sistema reducirá tus costos operativos en un 30%... (pausa)... ¿Cuánto crees que eso representaría para tu empresa en los próximos seis meses?"**

Estas pausas permiten que tu afirmación resuene en la mente del oyente y les da tiempo para **visualizar los beneficios**. También puedes usar el silencio como una forma de **generar anticipación** antes de revelar algo importante.

## 3. Lenguaje Corporal Abierto

Tu **lenguaje corporal** dice tanto como tus palabras. Una postura abierta proyecta **seguridad y control**, mientras que una postura encogida o defensiva puede hacer que parezcas inseguro o desinteresado. **Tony Robbins**, el conocido orador motivacional, es un maestro del uso del lenguaje corporal: utiliza todo su cuerpo para **reforzar sus mensajes** y transmitir energía. Debes evitar cruzar los brazos, moverte demasiado nerviosamente o alejarte del público.

**Consejo práctico**: Asegúrate de mantener una **postura firme y abierta**. Mantén los pies plantados en el suelo y evita moverte de un lado a otro de manera nerviosa. Si vas a gesticular, hazlo de manera consciente y con propósito, no por nerviosismo. Los movimientos de las manos deben acompañar tus palabras, **subrayando puntos clave** en lugar de distraer de lo que estás diciendo.

**Práctica**: Grábate a ti mismo mientras ensayas, o pide a un compañero que te observe y te ofrezca retroalimentación sobre tu lenguaje corporal. La **conciencia de tu cuerpo** en el espacio es crucial para proyectar **confianza y dominio**.

---

## 4. Modulación del Tono

Hablar en un solo tono durante toda la presentación es una de las formas más rápidas de **perder la atención de tu audiencia**. Los buenos oradores saben cómo **cambiar su tono y ritmo de voz** para mantener a la audiencia alerta y generar diferentes emociones. **Martin Luther King** era experto en esto, alternando entre un tono bajo y reflexivo cuando quería que la audiencia procesara una idea, y un tono fuerte y entusiasta cuando quería **inspirar acción**.

**Consejo práctico**: Varía tu **tono y velocidad** a lo largo de la presentación. Por ejemplo, acelera tu ritmo cuando describes una solución emocionante o un éxito pasado, pero disminúyelo cuando estés explicando un concepto complejo o compartiendo una estadística clave. Sube el tono cuando quieras enfatizar una idea poderosa y **bájalo** cuando estés preparando a tu audiencia para una **revelación importante**.

La modulación no solo **mantiene a la audiencia atenta**, sino que también puede ayudar a **subrayar tus mensajes** más importantes.

## 10.3 Trucos de los Grandes Oradores

Los grandes oradores no solo dependen de su **carisma natural**; utilizan técnicas probadas que han perfeccionado con el tiempo. Aquí te comparto algunas **estrategias de los mejores** para que puedas aplicarlas en tus presentaciones.

### 1. Storytelling en Bucle (Steve Jobs)

**Steve Jobs** era un maestro en el **storytelling**, y uno de sus trucos más efectivos era el uso del **bucle narrativo**. Comenzaba sus presentaciones contando una pequeña historia o compartiendo un reto, y luego conectaba esa historia con el producto o solución que estaba presentando. Hacia el final de su presentación, volvía a esa historia inicial, cerrando el ciclo y dando una sensación de cohesión.

**Ejemplo práctico**: Si empiezas tu presentación hablando de un cliente que enfrentaba un gran problema, asegúrate de cerrar volviendo a esa misma historia, mostrando cómo tu producto o servicio resolvió ese problema. Esto no solo refuerza el impacto de tu solución, sino que deja una sensación de **cierre y satisfacción** en la audiencia.

## 2. Pausas Poderosas (Barack Obama)

**Obama** es conocido por su uso estratégico de las pausas. Las pausas antes de una afirmación importante **generan expectativa**, mientras que las pausas después de una declaración le dan peso y permiten que el mensaje **cale en la audiencia**. Este truco ayuda a que tus palabras parezcan más reflexivas y profundas.

**Consejo práctico**: Si estás presentando una solución que cambia radicalmente el juego, como una nueva tecnología o estrategia, haz una pausa antes de presentar el impacto que tendrá en la empresa del cliente. Por ejemplo, podrías decir: **"Con esta solución, podrías ahorrar 500.000 euros en costos operativos... (pausa)... ¿Imagina lo que eso podría significar para tu empresa en solo un año?"**

Este tipo de pausa **genera anticipación** y permite que el **mensaje clave quede grabado** en la mente del cliente.

## 3. Uso del Humor (Oprah Winfrey)

El humor es una herramienta poderosa para **conectar emocionalmente** con tu audiencia. **Oprah** es conocida por su habilidad para utilizar pequeñas dosis de humor que rompen el hielo, **relajan la tensión** y permiten que la audiencia se sienta más cercana a ella. El humor también ayuda a **humanizarte**, lo que te hace más accesible y menos intimidante.

**Consejo práctico**: No tienes que ser un comediante para incorporar el humor en tu presentación. Basta con una broma

ligera o un comentario desenfadado para **romper la tensión**. Por ejemplo, si notas que la audiencia está algo tensa o cansada, podrías decir algo como:
**"No te preocupes, no estoy aquí para venderte otro producto aburrido, sino para mostrarte cómo tu vida será mucho más fácil a partir de hoy."**

El humor crea un vínculo y hace que la audiencia esté **más receptiva** a lo que vas a decir.

## 4. Repetición Estratégica (Martin Luther King)

**Martin Luther King** sabía que la repetición es una técnica efectiva para **reforzar un mensaje**. Cuando repites un punto clave varias veces, la audiencia lo **recuerda más fácilmente**. Su famosa frase "I have a dream" sigue resonando hoy porque fue repetida de manera estratégica durante su discurso, generando una resonancia emocional en su audiencia.

**Ejemplo práctico**: Si tienes un mensaje clave que deseas que tu audiencia recuerde, **repítelo varias veces** a lo largo de la presentación. Por ejemplo, si tu producto es conocido por mejorar la eficiencia, puedes repetir la frase:
**"Recuerda, mejorar la eficiencia en un 30% no es solo un sueño, es una realidad posible con esta solución."**

Al repetir puntos clave en diferentes momentos de la presentación, refuerzas tu mensaje y **aumentas la probabilidad** de que la audiencia lo recuerde cuando llegue el momento de tomar una decisión.

## 10.4 El Método del Esqueleto de la Sardina (Fernando Miralles)

**Fernando Miralles**, experto en persuasión, desarrolló un método llamado "**El Esqueleto de la Sardina**" para estructurar presentaciones de manera clara y efectiva. Este método divide la presentación en tres partes esenciales: **la cabeza, el cuerpo** y **la cola**, tal como el esqueleto de una sardina. El objetivo es que la presentación **fluya con claridad**, manteniendo la atención del público desde el inicio hasta el final.

### La Cabeza (Inicio Potente)

La cabeza es la apertura de tu presentación, el momento en el que **captas la atención de tu audiencia**. Debe ser impactante y generar **curiosidad o interés inmediato**. Una apertura poderosa es crucial porque establece el tono de lo que viene después. Aquí puedes usar una **declaración sorprendente**, una **historia personal** o una **estadística impactante**.

**Ejemplo práctico**: Si estás presentando una solución de automatización industrial, podrías comenzar con algo como: **"Cada día, las empresas pierden miles de euros debido a ineficiencias que podrían resolverse con la tecnología adecuada. Hoy, te mostraré cómo podrías evitar esas pérdidas."**

### El Cuerpo (Contenido Principal)

El cuerpo de la sardina es donde se desarrolla tu mensaje. Cada espina es un subtema o punto clave que refuerza la narrativa principal. Aquí es donde debes presentar las **soluciones**, los **beneficios** y el **impacto** de tu propuesta. La clave es no **sobrecargar a la audiencia** con demasiada información. Mantén el enfoque en lo esencial.

**Consejo práctico**: Asegúrate de que cada parte del cuerpo de tu presentación **fluya lógicamente** de un punto al siguiente. Usa transiciones claras entre los temas para que la audiencia pueda **seguir el hilo** sin problemas.

## La Cola (Cierre Memorable)

La cola es el **cierre de la presentación** y es lo que la audiencia recordará cuando se vaya. Debe ser poderoso, persuasivo y dejar una **impresión duradera**. Un cierre fuerte incluye un **llamado a la acción** que inspire a la audiencia a **actuar de inmediato**.

**Ejemplo práctico**: Termina con algo contundente, como: **"La tecnología está cambiando el juego. Aquellos que actúen ahora liderarán el futuro; aquellos que esperen, quedarán atrás. ¿Qué posición prefieres tomar?"**

## Resumen Esquemático de los Puntos Clave

**Estructura de Presentación Cautivadora:**

- Apertura fuerte.
- Identificación del problema.

- Propuesta de solución.
- Evidencia concreta.
- Cierre poderoso.

**Técnicas de Hablar en Público que Generan Confianza:**

- Contacto visual.
- Pausas estratégicas.
- Lenguaje corporal abierto.
- Modulación del tono.

**Trucos de los Grandes Oradores:**

- **Storytelling en bucle** (Steve Jobs).
- **Pausas estratégicas** (Barack Obama).
- **Uso del humor** (Oprah Winfrey).
- **Repetición estratégica** (Martin Luther King).

**Método del Esqueleto de la Sardina** (Fernando Miralles):

- **La cabeza** (inicio potente).
- **El cuerpo** (contenido claro y estructurado).
- **La cola** (cierre memorable).

**CTA:**

Ahora tienes las herramientas para hacer presentaciones que capturen la atención y generen acción. La **confianza**, la **estructura** y las **técnicas** de los grandes oradores están a tu alcance. Practica, perfecciona y sal al escenario con la certeza de que **dominarás cualquier presentación**. ¡Es tu momento de brillar! No esperes, empieza a aplicar estas técnicas ahora mismo y observa cómo tu **impacto crece exponencialmente**.

# Capítulo 11: Storytelling en Ventas

Contar historias es una de las herramientas más poderosas en el arsenal de un vendedor. No es solo una forma de **transmitir información**, sino de **conectar emocionalmente** con el cliente y **moverlo hacia la acción**. Las historias crean significado, y un cliente que encuentra **significado** en lo que le ofreces está a un paso de convertirse en tu próximo cliente. En este capítulo, exploraremos cómo utilizar el **storytelling en ventas** para captar la atención de los clientes y cerrar más acuerdos.

Nos centraremos en técnicas de maestros del storytelling como **Donald Miller, Philipp Humm**, grandes oradores como **Steve Jobs, Tony Robbins, Robin Sharma, Robert Kiyosaki** y **Jordan Belfort**, e incluiré nuevas técnicas utilizadas por **Elon Musk** y otros grandes visionarios. Si sigues estos pasos, **tus ventas nunca volverán a ser las mismas.**

# 11.1 Cómo Contar Historias que Enganchen Desde el Principio

Captar la atención desde el primer segundo es la clave de una buena historia en ventas. No puedes permitirte perder tiempo; los clientes tienen demasiadas distracciones y demasiadas ofertas en sus bandejas de entrada como para prestarte atención sin un buen motivo. Aquí te mostramos algunos enfoques para contar historias que enganchen desde el inicio:

### StoryBrand de Donald Miller

Donald Miller, en su libro **Building a StoryBrand**, propone un enfoque de **siete pasos** para estructurar historias donde el **cliente es el héroe**. Este método transforma completamente la forma en que presentas tu producto o servicio. La clave es no hacer de ti o tu empresa el centro de la historia, sino del **cliente**.

#### Estructura StoryBrand:

1. **El Héroe**: El cliente es el héroe de la historia, no tú ni tu producto.

2. **El Problema**: Identifica el problema que enfrenta el cliente y que necesita resolver con urgencia.

3. **El Guía**: Tú eres el guía, el experto que le mostrará el camino hacia la solución.
4. **El Plan**: Proporciona un plan claro y sencillo que el cliente pueda seguir para superar su problema.
5. **La Acción**: Llama al cliente a tomar una acción específica. Haz que sea claro lo que debe hacer.
6. **El Éxito**: Describe cómo el cliente triunfará si sigue tu plan. ¿Cómo su vida o negocio mejorarán?
7. **El Fracaso**: Muestra qué pasará si no toma acción. Esto crea urgencia.

## Ejemplo de Steve Jobs (Lanzamiento del iPhone en 2007):

En su famosa presentación del **iPhone**, **Steve Jobs** estructuró la historia alrededor de un problema que todos los usuarios de tecnología enfrentaban: tener que llevar varios dispositivos (teléfono, iPod, navegador). Jobs convirtió a los usuarios en los héroes, enfrentados a la frustración de manejar múltiples dispositivos que no estaban conectados. Él se presentó como el guía que les ofrecía una solución revolucionaria: **el iPhone**, que cambió todo al combinar lo que antes requería tres dispositivos en uno solo.

Este enfoque de storytelling transformó el lanzamiento del producto en algo más que una simple presentación de funcionalidades, **convirtiéndolo en un movimiento tecnológico**.

## 11.2 El Cliente Como Héroe de la Historia

Una de las claves del **storytelling en ventas** es que el **cliente debe ser el protagonista**. Esto es algo que los grandes oradores entienden a la perfección. **Philipp Humm**, en su obra sobre storytelling, y **Joseph Campbell** con su "**Viaje del Héroe**", han enseñado que cuando colocas al cliente en el centro de la historia, haces que se identifique con el relato y sienta que el producto está **diseñado específicamente para ellos**.

### El Viaje del Héroe Aplicado a Ventas

Este enfoque clásico de storytelling es perfecto para **presentaciones de ventas más largas o complejas**, donde el cliente necesita superar varias barreras psicológicas para aceptar tu producto o servicio.

### Estructura del Viaje del Héroe:

1. **Llamada a la Aventura**: El cliente enfrenta un reto o un problema urgente que no puede ignorar.

2. **El Mentor**: Aquí es donde tú entras, ofreciendo las herramientas y la orientación necesarias para superar el reto.
3. **El Desafío**: Durante el proceso, el cliente enfrenta obstáculos, dudas o resistencias que necesita superar.
4. **La Transformación**: Finalmente, al superar los desafíos con tu ayuda, el cliente triunfa y transforma su negocio o su vida.

## Ejemplo de Elon Musk (Lanzamiento de SpaceX y Tesla):

**Elon Musk** utiliza el enfoque del "Viaje del Héroe" de manera maestra en sus lanzamientos. Cuando presentó **Tesla**, no solo habló de la tecnología detrás de sus autos eléctricos; mostró cómo el mundo necesitaba una **transición urgente hacia energías renovables**. Musk planteó la aventura como un desafío global para salvar el planeta, siendo él el mentor que guía a los consumidores y al mundo hacia una solución: **un futuro sostenible con Tesla**.

Del mismo modo, en **SpaceX**, Musk estructura sus historias alrededor del reto monumental de hacer de la humanidad una especie multiplanetaria. En ambos casos, los "héroes" son los **usuarios de sus productos** o la humanidad misma, enfrentando problemas colosales con Musk como su guía visionario.

## 11.3 Casos de Éxito que Generan Credibilidad

Una de las formas más efectivas de generar **confianza** y **credibilidad** es contar historias de clientes que han superado desafíos utilizando tu producto o servicio. Los **casos de éxito** son pruebas sociales que muestran al prospecto que tu solución realmente funciona. Para estructurar estas historias, usa el **Método CAR (Contexto, Acción, Resultado)**.

### Método CAR

1. **Contexto**: Presenta la situación del cliente antes de usar tu producto. ¿Cuál era el problema específico que enfrentaban?

2. **Acción**: Explica qué acción tomaron bajo tu guía para resolver el problema. Aquí es donde introduces tu producto como la solución clave.

3. **Resultado**: Muestra los beneficios tangibles que el cliente obtuvo después de implementar tu solución. Estos resultados deben ser claros, medibles y directamente atribuibles a tu producto o servicio.

### Ejemplo de Robin Sharma (The Monk Who Sold His Ferrari):

**Robin Sharma** es un maestro en contar historias de **transformación personal** que inspiran a la acción. En su famosa obra, **El Monje que Vendió su Ferrari**, cuenta la historia de un exitoso abogado que, aunque materialmente estaba en la cima, estaba vacío y agotado por dentro. El protagonista deja su carrera, emprende un viaje de autodescubrimiento y adopta principios de vida más simples y plenos (**Acción**). Como resultado, encuentra paz interior, propósito y felicidad (**Resultado**).

Esta historia no solo inspira, sino que demuestra que un cambio profundo puede **transformar vidas**.

## 11.4 Otros Métodos de Storytelling en Ventas

No existe una única forma de contar una historia en ventas. Dependiendo de la situación y del tipo de cliente al que te enfrentas, puedes adaptar diferentes métodos de storytelling. Aquí te presento algunos de los más efectivos:

# Método PAS (Problema, Agitación, Solución)

Este método es simple pero extremadamente efectivo. Primero, identificas el problema del cliente, luego **aumentas la tensión o la urgencia** del problema, y finalmente, presentas tu producto como la solución definitiva.

### Estructura PAS:

1. **Problema**: Identifica y describe claramente el problema o la frustración del cliente.
2. **Agitación**: Aumenta la gravedad del problema, mostrándole al cliente las **consecuencias de no resolverlo**.
3. **Solución**: Presenta tu producto como la solución que resuelve su desafío de manera clara y eficiente.

---

### Ejemplo de Jordan Belfort (El Lobo de Wall Street):

**Jordan Belfort**, conocido por su estilo agresivo de ventas, utilizaba PAS constantemente. En sus discursos, describía la situación financiera de las personas sin control sobre su dinero (**Problema**), intensificaba esa tensión al hacerles ver cómo estaban perdiendo oportunidades (**Agitación**), y finalmente ofrecía su metodología de ventas como la **solución para lograr el éxito financiero** (**Solución**).

## 11.5 Repetición Estratégica: Un Clásico Poderoso

Los grandes narradores como **Martin Luther King** utilizaban la **repetición estratégica** en sus discursos para enfatizar puntos clave y asegurarse de que su mensaje quedara profundamente grabado en la mente de la audiencia. Este es un truco poderoso para las ventas. Repite los **beneficios clave** de tu producto varias veces durante tu presentación, con ligeras variaciones, para que tu cliente no los olvide.

### Ejemplo Práctico:

Si estás vendiendo una solución de automatización industrial, podrías repetir las mejoras de eficiencia que tu cliente logrará: **"Este sistema reducirá tus tiempos muertos en un 20%... 20% menos tiempo perdido significa más producción... más producción en menos tiempo significa más ganancias para tu empresa."**

## 11.6 Storytelling Visual: Las Imágenes También Cuentan

El storytelling no solo se limita a las palabras. **Las imágenes y los gráficos** también cuentan una historia poderosa. En una presentación de ventas, los visuales bien diseñados pueden transmitir el mensaje de forma más **impactante y memorable**. **Steve Jobs** entendía el poder de los visuales y usaba diapositivas limpias y minimalistas para apoyar su narrativa, dejando que las imágenes hablaran tanto como las palabras.

### Ejemplo de Elon Musk en Tesla:

En las presentaciones de **Tesla**, Musk utiliza gráficos que comparan la **eficiencia energética** de los autos eléctricos frente a los de combustión interna. Estos gráficos no solo transmiten datos, sino que cuentan la historia de cómo el futuro de la energía debe ser renovable y cómo Tesla está **liderando el cambio**.

## Conclusión del Capítulo

El storytelling es una **habilidad esencial** para los vendedores. Contar historias no solo capta la atención, sino que también construye una **conexión emocional** que puede marcar la diferencia entre una **venta exitosa** y una oportunidad perdida. Ya sea utilizando el método **StoryBrand**, el **Viaje del Héroe** o técnicas clásicas como **PAS** y **AIDA**, cada uno de estos enfoques puede llevar tus presentaciones de ventas al siguiente nivel.

Con la práctica, serás capaz de contar **historias que inspiren confianza**, generen credibilidad y motiven a tus clientes a tomar acción inmediata. ¡El poder de la narración está en tus manos!

# Resumen Esquemático de los Métodos de Storytelling

### StoryBrand de Donald Miller:

Estructura donde el cliente es el héroe y tú eres el guía.

### Viaje del Héroe:

Lleva al cliente desde el reto hasta la transformación a través de tu producto.

### Método CAR:

Contexto, Acción y Resultado para contar casos de éxito.

### Método PAS:

Identifica el problema, intensifica la urgencia y ofrece la solución.

## Método AIDA:

Captura la atención y guía al cliente desde el interés hasta la acción.

## Repetición Estratégica:

Enfatiza los puntos clave varias veces para asegurar que el mensaje quede grabado.

## Storytelling Visual:

Utiliza gráficos e imágenes para complementar la narrativa y hacerla más memorable.

## CTA:

Las historias son la clave para **conectar emocionalmente** con los clientes. Aprovecha estos métodos de storytelling en tus ventas para crear **presentaciones impactantes** y memorables. Ya tienes las herramientas; ahora es tu turno de aplicarlas y ver cómo transforman tu forma de vender. **¡Empieza hoy y cuenta historias que cierren ventas!**

# Capítulo 12: Negociación en Ventas: Cómo Llegar a Acuerdos Ganadores

Negociar no es solo un arte, es una ciencia. Y si no te tomas el tiempo para dominarla, te quedarás rezagado. La negociación es la diferencia entre cerrar un trato rentable o perder una oportunidad de oro. Lo importante no es solo cerrar, sino hacerlo en condiciones que maximicen el valor para ambas partes. Hoy, más que nunca, necesitas ser **disruptivo, calculado y emocionalmente inteligente** en tus negociaciones. **Si no lo haces tú, alguien más lo hará.**

Aquí exploramos estrategias probadas por algunos de los mejores negociadores del mundo, quienes han transformado la forma en que gestionan acuerdos. Nombres como **Joe Girard, Jim Camp, David Liniger, Mary Kay Ash, Chris Gardner** y **Jordan Belfort** han dejado un legado invaluable de técnicas y principios que garantizan una negociación exitosa.

# 12.1 La Estrategia de Joe Girard: "La Regla de los 250"

**Joe Girard** es el vendedor de coches más exitoso de la historia, según el libro Guinness de los Récords. Su éxito no solo se basaba en su capacidad para vender coches, sino en su enfoque estratégico de largo plazo. La clave de su método estaba en la llamada "**Regla de los 250**", un concepto simple pero increíblemente poderoso. Girard creía que cada cliente tiene, en promedio, una red de 250 personas que podrían influir en futuras ventas.

## Cómo Funciona

**El valor de la recomendación**: Para Girard, cada venta no era el fin, sino el comienzo de una cadena de referencias. Sabía que si lograba satisfacer a un cliente no solo aseguraba una venta, sino que potencialmente podría ganar 250 nuevas oportunidades. Esto lo lograba a través de **seguir en contacto**, enviar tarjetas personalizadas y **crear una experiencia inolvidable** para cada comprador.

## Aplicación Moderna

Mantén relaciones cercanas con tus clientes incluso después de cerrar el trato. **El seguimiento es clave**. No dejes que el cliente se olvide de ti después de la venta. Envíales un mensaje de agradecimiento, pregúntales cómo están usando el producto, asegúrate de que su experiencia siga siendo excelente. Si haces esto, ellos mismos te traerán más clientes.

## 12.2 La Técnica de Jim Camp: "El Poder del No"

**Jim Camp**, en su libro **No empieces por el sí**, desafía la creencia convencional de que el éxito en las ventas se basa en obtener un "sí" lo más rápido posible. Camp argumenta que el verdadero poder en una negociación viene del **"no"**. Según su enfoque, cuando das al cliente la **libertad de decir "no"**, estás quitando la presión de la mesa, lo que abre espacio para una negociación más honesta y efectiva.

### Cómo Funciona

**Control emocional**: La clave aquí es manejar la tensión emocional. Al no estar obsesionado con obtener un "sí", estás en una mejor posición para controlar la conversación y hacer que el cliente sienta que tiene control. Esto genera **confianza y respeto**.

### Ejemplo Clave

Si el cliente se muestra renuente respecto al precio, no intentes bajar tu tarifa de inmediato. En lugar de eso, responde con algo como:

"Entiendo que pueda parecer alto en este momento, pero hablemos de cómo este precio refleja el valor que obtendrás en el largo plazo. ¿Qué aspecto específico te preocupa?"
Esto no solo demuestra seguridad en tu producto, sino que también abre la puerta a seguir negociando sin perder terreno.

## 12.3 La Estrategia Win-Win de David Liniger: "Negociar sin Desesperación"

**David Liniger**, cofundador de **RE/MAX**, transformó la forma de negociar en el sector inmobiliario. Uno de sus principios clave es evitar la **desesperación a toda costa**. Cuando muestras desesperación, pierdes poder en la negociación. Liniger creía firmemente en el enfoque **win-win**, es decir, que ambas partes deben sentirse ganadoras al finalizar la negociación. Si una parte siente que perdió, el acuerdo probablemente se derrumbará más adelante.

### Cómo Funciona

**No te apresures**: Liniger enseñaba a sus agentes a **mantener el control emocional** y no mostrar desesperación por cerrar. La **paciencia**, decía, es tu mejor aliada. Si el cliente ve que no estás presionado por cerrar el trato, estarás en una posición de poder.

### Ejemplo Clave

Si un cliente insiste en obtener un descuento, puedes redirigir la conversación a los **beneficios a largo plazo** que va a obtener, y no hacer concesiones rápidas. Algo como:
"**Entiendo tu solicitud, pero déjame explicarte cómo, a lo largo de los próximos cinco años, este producto o servicio va a ahorrarte mucho más que ese descuento.**"

## 12.4 Técnica SPIN de Neil Rackham: "Cierre Basado en Preguntas"

**Neil Rackham**, creador del **SPIN Selling**, revolucionó la forma de cerrar ventas al introducir un enfoque basado en **preguntas**. En lugar de bombardear al cliente con características del producto, Rackham proponía **guiar la conversación** con preguntas que hicieran que el cliente descubriera por sí mismo el valor de la solución.

### Cómo Funciona

**SPIN**: Este acrónimo representa cuatro tipos de preguntas clave que debes hacer en cualquier negociación para identificar necesidades y destacar el valor de tu oferta:

1. **Situación**: Preguntas sobre la situación actual del cliente.

2. **Problema**: Preguntas para identificar los problemas que enfrenta.

3. **Implicación**: Preguntas que muestran las consecuencias de esos problemas.

4. **Necesidad de Solución**: Preguntas que llevan al cliente a concluir que necesita tu producto o servicio.

### Ejemplo Clave

Si estás vendiendo una solución de software y el cliente no está seguro de su necesidad, puedes preguntarle:
"**¿Cuántas horas al mes pierde tu equipo en tareas manuales que podrían ser automatizadas? ¿Cómo afecta eso tu productividad general?**"
Esto permite al cliente **reconocer su problema** sin que se sienta presionado.

## 12.5 La Estrategia de Mary Kay Ash: "Reconocimiento y Motivación Emocional"

**Mary Kay Ash**, fundadora de **Mary Kay Cosmetics**, sabía que las personas **compran por emociones**, no solo por razones lógicas. Ella basaba sus negociaciones en la idea de que, si haces que un cliente se sienta valorado y especial, será mucho más fácil llegar a un acuerdo satisfactorio. Para Ash, el **reconocimiento emocional** era la clave del éxito tanto en ventas como en liderazgo.

## Cómo Funciona

**Haz que el cliente se sienta especial**: La emoción es el motor de las decisiones de compra. Cuando **reconoces y valoras** a un cliente, creas un vínculo emocional que hace que sea mucho más difícil que te rechacen.

## Ejemplo Clave

Después de cerrar un trato, Ash enseñaba a sus vendedoras a enviar un agradecimiento personalizado o dar algún detalle que el cliente no esperaba. Puede ser un gesto pequeño, pero ese tipo de reconocimiento solidifica la relación y **hace que el cliente vuelva una y otra vez.**

## 12.6 Técnica de Cierre de Chris Gardner: "Persistencia sin Presión"

**Chris Gardner**, cuya historia inspiró la película **En Busca de la Felicidad**, es un ejemplo vivo de **persistencia**. Gardner creía que la clave del éxito en las ventas y en la vida no estaba en presionar, sino en **mantener la constancia**. Sabía que la oportunidad adecuada llegaría si seguía llamando, si seguía haciendo el trabajo duro, pero sin forzar a nadie a tomar una decisión prematura.

## Cómo Funciona

**Sigue adelante sin desesperación**: La clave de Gardner era **seguir adelante**, pero sin forzar las decisiones. Sabía que algunas personas simplemente necesitan más tiempo, y **presionar de más** puede matar la venta.

## Ejemplo Clave

Gardner hacía cientos de llamadas al día, y cuando un cliente le decía que no, no lo tomaba como un rechazo definitivo. **Lo llamaba de nuevo más tarde**, ofreciendo nuevas ideas o esperando el momento adecuado. Esa misma persistencia, aplicada con tacto, puede llevarte a cerrar tratos que otros habrían dejado por perdidos.

# 12.7 Estrategia de Joe Gandolfo: "La Ley de los Grandes Números"

**Joe Gandolfo**, una leyenda en la industria de los seguros, tenía una filosofía simple: **cuantas más personas contactes, más**

ventas cerrarás. Gandolfo entendía que no importa cuán bueno seas, no vas a cerrar con todos los prospectos. Pero cuanto más aumentes tus contactos, más oportunidades tendrás de encontrar clientes dispuestos a comprar.

## Cómo Funciona

**Haz el trabajo duro de contactar a más personas**: Gandolfo se enfocaba en maximizar la **cantidad de contactos**, no en obsesionarse con cada oportunidad individual. Sabía que no todos los contactos se convertirían en clientes, pero que el **volumen** era clave. Al tener más personas en el embudo, las probabilidades de cerrar aumentaban significativamente.

### Ejemplo Clave

Si estás en una negociación complicada, no pongas todos tus huevos en una sola canasta. Llena tu pipeline de prospectos y oportunidades. Esto te dará una **posición de fuerza**, ya que no dependerás de un solo cliente para tener éxito.

## 12.8 Control Emocional: "Técnica del Desapego"

Uno de los principios más importantes en cualquier negociación es el **control emocional**. Jordan Belfort, conocido como El

**Lobo de Wall Street**, enseñaba que la clave para negociar con éxito es **desapegarte emocionalmente del resultado**. Cuando proyectas desapego, proyectas **confianza**, y eso te coloca en una posición de poder.

## Cómo Funciona

**No te aferres al cierre**: Si te aferras al cierre, pierdes poder en la negociación. Cuando proyectas una actitud de **confianza** en el valor de tu producto, sin necesidad de cerrar desesperadamente, el cliente percibe que tiene menos control y es más probable que acepte tu oferta.

## Ejemplo Clave

Si un cliente sigue pidiendo concesiones, podrías decir: **"Entiendo que este no sea el momento adecuado para ti. Cuando estés listo para tomar la decisión, estaré aquí."** Esto demuestra confianza y elimina la presión, lo que puede llevar al cliente a volver a ti con más disposición.

# Resumen Esquemático de los Puntos Clave

- **Joe Girard** – La Regla de los 250: Aprovecha tu red de contactos y construye relaciones duraderas.

- **Jim Camp** – El Poder del No: Di "no" cuando sea necesario para mantener el control en la negociación.

- **David Liniger** – Negociación Win-Win: Mantén el control emocional y busca acuerdos justos.

- **Neil Rackham** – SPIN Selling: Usa preguntas estratégicas para que el cliente descubra el valor de la solución.

- **Mary Kay Ash** – Reconocimiento Emocional: Haz que los clientes se sientan valorados para cerrar relaciones a largo plazo.

- **Chris Gardner** – Persistencia sin Presión: Sigue adelante sin desesperación hasta llegar al momento adecuado para cerrar.

- **Joe Gandolfo** – La Ley de los Grandes Números: Contacta a más personas para generar más oportunidades de venta.

- **Jordan Belfort** – Control Emocional: Desapégate del resultado para mantener el poder en la negociación.

CTA:

¡Ahora es tu momento! Tienes las herramientas, las estrategias y las tácticas que necesitas para llevar tus negociaciones al siguiente nivel. No te detengas hasta que logres los acuerdos que deseas. **¡Empieza hoy mismo a implementar estas técnicas y verás cómo tu habilidad para negociar se transforma por completo!**

# Capítulo 13: Persuasión y Cierre de Ventas

En ventas, la habilidad de **persuadir** y llevar al cliente a la acción no es solo un arte, es una ciencia. La clave está en **comprender los principios psicológicos** que impulsan a las personas a tomar decisiones, dominar las **técnicas de persuasión** y **cerrar en el momento adecuado**. Los vendedores mediocres ven el cierre como el final del proceso, mientras que los maestros saben que es la **culminación de una relación construida** sobre confianza, valor y una excelente ejecución de la persuasión.

Aquí desglosaremos los principios psicológicos, estrategias de urgencia y técnicas de cierre utilizadas por grandes figuras como **Robert Cialdini, Neil Rackham, Jordan Belfort** y **Steve Jobs**. Si sigues estos pasos, **dominarás la persuasión** y cerrarás más ventas de manera constante.

# 13.1 Los Principios Psicológicos que Mueven a la Acción

El famoso psicólogo **Robert Cialdini**, en su libro **"Influence"**, identifica seis principios fundamentales que impulsan a las personas a tomar decisiones. Estos principios son las bases sobre las que se construyen las estrategias de persuasión más efectivas.

## Reciprocidad

La gente tiene una tendencia natural a **devolver favores**. Cuando ofreces algo de valor primero, como una muestra gratuita, un análisis o una prueba de tu producto, creas una obligación psicológica en el cliente de devolver el favor con una compra.

**Ejemplo**: Joe Girard, el mejor vendedor de coches del mundo, entregaba pequeños detalles a los clientes que solo "miraban". A través de esta técnica de reciprocidad, muchos clientes volvían a él para hacer la compra, sintiendo una especie de deuda no verbal.

## Compromiso y Coherencia

Las personas tienen una fuerte necesidad de ser **coherentes** con sus compromisos. Si logras que un cliente realice un pequeño compromiso inicial, como agendar una reunión o aceptar una demostración, es mucho más probable que sigan avanzando hacia el cierre.

**Ejemplo**: Chris Gardner, en su enfoque de ventas, conseguía compromisos pequeños al principio, como que sus clientes aceptaran una llamada de seguimiento. Este pequeño paso allanaba el camino para obtener un mayor compromiso más adelante.

## Prueba Social

Las personas suelen seguir lo que **otros están haciendo**. Mostrar testimonios, historias de éxito o estudios de caso genera una sensación de confianza, porque los clientes ven que otros como ellos han triunfado usando tu producto.

**Ejemplo**: Mary Kay Ash construyó su imperio al destacar casos de éxito de otras consultoras. Estos ejemplos inspiraban a nuevas reclutas a creer que también podían lograr esos resultados.

## Simpatía

La gente compra a quienes **les agradan**. La simpatía es un motor poderoso en la persuasión. Sé amigable, honesto y cercano. **Generar una conexión genuina** hace que el cliente quiera comprarte, porque comprar es emocional.

## Autoridad

Posicionarte como un **experto en tu campo** fortalece tu credibilidad. Cuando te muestras como una autoridad, el cliente confía más en tu opinión. Un buen ejemplo de ello es cómo **Elon Musk**, fundador de Tesla y SpaceX, se posiciona como una autoridad en cada campo en el que trabaja. Su dominio sobre tecnología de punta y su capacidad para prever el futuro de la industria lo convierten en una figura de autoridad ante inversores y consumidores.

## Escasez

La percepción de que algo es **limitado** o que hay una **oportunidad que puede perderse** es una de las fuerzas más potentes en la toma de decisiones. Si el cliente siente que algo es escaso, estará más inclinado a actuar rápidamente.

**Ejemplo**: Jordan Belfort utilizaba la escasez a su favor resaltando la cantidad limitada de acciones disponibles, lo que creaba un sentido de urgencia para que los clientes tomaran decisiones rápidas.

## 13.2 Cómo Usar la Escasez y la Urgencia a Tu Favor

La **urgencia y la escasez** son herramientas de persuasión extremadamente poderosas, pero deben ser utilizadas con precisión. No se trata de inventar escasez falsa, sino de crear una percepción real de que el cliente podría perder una oportunidad valiosa.

## Crear Urgencia Real

Si tienes una oferta con una **fecha límite** o un stock limitado, asegúrate de comunicarlo claramente al cliente. La escasez empuja al cliente a **actuar ahora**.

**Ejemplo de Steve Jobs**: Durante el lanzamiento del iPhone, enfatizaba que ciertos modelos y colores estarían disponibles solo por un tiempo limitado, lo que generaba una fiebre por conseguir el dispositivo antes de que se agotara.

---

## Limitación de Tiempo

Ofrece al cliente un plazo para tomar la decisión, no solo para aprovechar una oferta, sino también para asegurar tu disponibilidad.

**Ejemplo práctico**: "Solo tenemos capacidad para dos nuevos proyectos este mes. Si confirmamos antes del viernes, puedo asegurarte un lugar prioritario." Esta técnica utiliza la urgencia sin parecer forzada, al tiempo que destaca el valor de tu tiempo y recursos.

---

## Escasez Perceptiva

Incluso si no hay un límite físico, puedes destacar **elementos exclusivos o únicos** de tu producto que no se pueden encontrar en ningún otro lugar. Diferenciarte de la competencia es una forma de generar **escasez perceptiva**.

## 13.3 Presentación del ROI: Cómo Demostrar el Valor de Tu Oferta

Los clientes no están interesados en **gastar dinero**. Quieren **invertir**. Tu trabajo es mostrar el **retorno** que obtendrán con tu solución. No hables solo del precio, habla del **valor**. Si el valor supera el costo, la venta está cerrada.

### Cálculo del ROI

Usa números claros para demostrar el valor de tu oferta. Si puedes mostrar cómo tu producto o servicio **aumentará los ingresos o reducirá los costos**, tendrás al cliente en tus manos.

**Ejemplo práctico**: "Con nuestra solución de automatización, reducirás un 20% de los costos operativos anuales, lo que equivale a $50,000 de ahorro. En solo un año, recuperarás la inversión." Esta es una presentación directa del ROI que deja poco espacio para la duda.

## Impacto Cualitativo

No todo valor puede medirse en dinero. Algunos beneficios son **cualitativos**, como la **satisfacción del cliente**, la mejora de la **reputación** o la **retención de empleados**.

**Ejemplo práctico**: "Nuestro software no solo optimizará tu proceso de producción, sino que mejorará la precisión y reducirá el estrés de tu equipo, lo que generará un entorno de trabajo más eficiente y motivado."

## 13.4 Señales que Indican que el Cierre Está Cerca

Uno de los mayores errores que cometen los vendedores es **no saber cuándo cerrar**. Identificar las señales del cliente es clave para saber cuándo moverte con confianza hacia el cierre.

### Señales de Cierre Comunes

- **Preguntas específicas**: Si el cliente empieza a hacer preguntas operativas, como "¿Cuánto tiempo lleva la implementación?" o "¿Cuándo podríamos empezar?", significa que ya está visualizando la compra.

- **Cambios en el tono**: Cuando el cliente pasa de estar inquisitivo a estar más relajado y comprometido, has superado la etapa de objeciones. Es hora de cerrar.

- **Colaboración activa**: Si el cliente comienza a proponer ajustes menores o a negociar detalles, significa que ya está dentro del proceso de decisión.

- **Referencias a terceros**: Si el cliente menciona que necesita hablar con su equipo o con superiores, no es una excusa, es una señal de que está buscando alinear a su organización para avanzar.

- **Lenguaje corporal abierto**: Si el cliente se inclina hacia adelante, toma notas, mantiene contacto visual o se muestra relajado, su cuerpo te está diciendo que está preparado para aceptar.

## Señales Basadas en la Neurociencia

La **neurociencia aplicada a las ventas** ofrece una visión más profunda de cómo el cerebro del cliente procesa las decisiones. Aquí te mostramos cómo detectar señales de cierre basadas en **respuestas cognitivas y emocionales**.

## Efecto Zeigarnik

Este principio sugiere que las personas **recuerdan mejor las tareas incompletas** que las completadas. Si dejas un detalle importante sin resolver (como una pequeña objeción o una parte de la demostración), el cliente se sentirá inclinado a **cerrar el ciclo** y avanzar.

**Ejemplo práctico**: "Hemos cubierto todo excepto la configuración del sistema. ¿Le gustaría programar una reunión para definir los últimos pasos?"

---

## Efecto de Anclaje

El primer dato que mencionas en una conversación tiende a **influir fuertemente** en las decisiones posteriores. Si estableces un punto de referencia alto (como el precio base o las expectativas de valor), el cliente ajustará todas sus comparaciones a partir de ese ancla.

**Ejemplo práctico**: "La versión premium del software tiene un precio de $10,000 al año, pero también ofrecemos una versión básica por $7,000, que sigue cubriendo todas sus necesidades clave."

---

## Neuromarketing Emocional

La **emoción** es uno de los motores más poderosos detrás de las decisiones de compra. Utiliza imágenes, testimonios o ejemplos que **apelen a los sentimientos** del cliente.

**Ejemplo práctico**: "Imagínate dentro de seis meses, con tu equipo más productivo y tus ingresos creciendo mes a mes. Esa es la visión que queremos ayudarte a alcanzar."

## 13.5 Estrategias de Cierre Efectivas

Aquí te presentamos algunas de las **estrategias de cierre más eficaces** que puedes implementar de inmediato:

### Cierre Alternativo

Dale al cliente dos opciones para que elija, pero ambas opciones conducen a un cierre.

**Ejemplo práctico**: "¿Prefieres empezar el proyecto el lunes o el miércoles? De cualquier forma, estamos listos para comenzar."

### Cierre de Suposición

Actúa como si el cliente ya hubiera decidido comprar y continúa con la conversación en consecuencia.

**Ejemplo práctico**: "Genial, vamos a proceder con los siguientes pasos de la implementación. ¿Qué método de pago prefieres?"

## Cierre de Balance

Compara los beneficios con los costos, enfocándote en cómo el valor **superará la inversión inicial**.

**Ejemplo práctico**: "Por el precio de una inversión inicial de $10,000, obtendrás una mejora de eficiencia que te ahorrará $50,000 al año."

---

## Cierre del "Sí Silencioso"

Usa preguntas que obliguen al cliente a asentir sin darse cuenta, lo que refuerza su disposición a aceptar.

**Ejemplo práctico**: "¿No sería fantástico reducir tus costos operativos en un 20% en los próximos tres meses?"

---

## Cierre de Descuento por Tiempo Limitado

Ofrece un descuento especial que solo estará disponible si el cliente toma acción en un plazo corto de tiempo.

**Ejemplo práctico**: "Puedo asegurarte un 10% de descuento si confirmamos antes del viernes. Es una excelente oportunidad para ahorrar y comenzar cuanto antes."

---

## Cierre del "Puente del Éxito"

Muestra cómo tu oferta es el **puente entre el estado actual del cliente y el éxito** que desea.

**Ejemplo práctico**: "Ahora mismo estás lidiando con tiempos de inactividad, pero con nuestra solución, en tres meses podrías ver un aumento en la eficiencia que hará que estos problemas sean cosa del pasado."

## 13.6 Control Emocional: La Clave para Cerrar con Éxito

Uno de los principios más importantes en cualquier negociación es el **control emocional**. Jordan Belfort, conocido como El Lobo de Wall Street, enseñaba que la clave para negociar con éxito es **desapegarte emocionalmente del resultado**. Cuando proyectas desapego, proyectas **confianza**, y eso te coloca en una posición de poder. Si el cliente siente que no estás desesperado por cerrar el trato, será más fácil para ti mantener el control.

## Resumen Esquemático de los Puntos Clave

- Principios Psicológicos de la Persuasión:

- **Reciprocidad**: Ofrecer algo primero genera una deuda de gratitud.
- **Prueba social**: Usa ejemplos de clientes anteriores.
- **Escasez**: Genera urgencia con hechos reales.
- **Autoridad**: Posiciónate como experto.

- **Cómo Usar la Escasez y la Urgencia a Tu Favor**:
  - Resalta fechas límite y recursos limitados.
  - Crea una sensación de oportunidad única.

- **Presentación del ROI**:
  - Demuestra el valor tangible en términos de ahorro o aumento de ingresos.
  - Resalta los beneficios cualitativos, como la satisfacción del cliente.

- **Señales de Cierre**:
  - Preguntas específicas sobre el proceso.
  - Cambios en el tono del cliente.
  - Lenguaje corporal abierto.

- **Técnicas de Cierre Efectivas:**
  - **Cierre alternativo:** Ofrece dos opciones que lleven al mismo resultado.
  - **Cierre de suposición:** Actúa como si la venta ya estuviera asegurada.
  - **Cierre basado en beneficios futuros:** Haz que el cliente imagine su éxito con tu producto.

## CTA

El cierre de ventas no es el final del proceso, es el resultado de una estrategia de persuasión bien ejecutada. Ahora tienes las herramientas necesarias para identificar las señales del cliente, mostrar el valor de tu oferta y persuadir con inteligencia. ¡Es el momento de actuar!

¿Estás listo para cerrar más ventas? ¡Comienza hoy mismo a implementar estas estrategias y conquista el mundo de las ventas!

# Capítulo 14: Post-Venta y Fidelización

El ciclo de ventas no termina cuando se firma el contrato. De hecho, ahí es donde verdaderamente comienza la parte más importante del proceso: la **post-venta** y **fidelización**. Un cliente satisfecho es bueno, pero un cliente leal y recurrente es invaluable. En un mundo competitivo, donde las opciones abundan, la verdadera maestría en ventas no radica solo en **cerrar el trato**, sino en **construir relaciones a largo plazo**, asegurando que los clientes no solo regresen, sino que se conviertan en **defensores apasionados** de tu marca.

Chet Holmes y Grant Cardone coinciden en que el éxito sostenido en ventas comienza cuando haces que el cliente regrese una y otra vez. Pero más allá de eso, los clientes satisfechos actúan como **multiplicadores de ventas**, recomendando tu producto o servicio a otros y aumentando tu influencia de manera exponencial. Este capítulo está diseñado para mostrarte cómo el **seguimiento post-venta**, la **creación de valor continuo** y la **resolución proactiva de problemas** no solo aseguran la **satisfacción del cliente**, sino que también fomentan la **fidelización** a largo plazo.

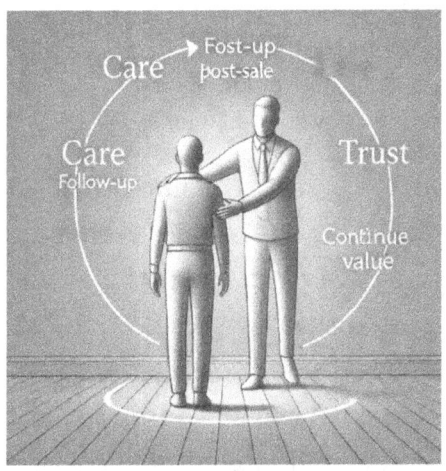

## 14.1 La Importancia del Seguimiento: No lo Dejes Solo Después de la Venta

El error más común que cometen los vendedores es **abandonar al cliente** justo después de haber cerrado el trato. Para muchos, una vez que el cliente firma el contrato, el trabajo parece haber concluido. Pero, según Brian Tracy, uno de los expertos más respetados en ventas, "la verdadera relación con el cliente comienza después de la venta". Si no haces un seguimiento adecuado, estás perdiendo una oportunidad invaluable de **fortalecer la relación**, resolver posibles dudas y, lo más importante, **asegurar futuras compras**.

### Reducir la disonancia post-compra

Después de hacer una compra, muchos clientes experimentan **disonancia post-compra**: esa pequeña duda sobre si han tomado la decisión correcta. Este es un momento crucial en la relación con el cliente. Si no intervienes para **reafirmar** que han hecho una buena elección, corres el riesgo de que se arrepientan y busquen otras alternativas en el futuro.

- **Ejemplo práctico**: Joe Girard, considerado el mejor vendedor de coches del mundo, tenía un método muy eficaz para reducir esta disonancia. Después de cada venta, **llamaba** a sus clientes unos días después para asegurarse de que estaban contentos con su compra. Este pequeño gesto no solo ayudaba a resolver cualquier inquietud, sino que creaba una

**conexión emocional** que hacía que los clientes regresaran una y otra vez.

## Fortalecer la relación

El seguimiento post-venta no debe limitarse a verificar si todo está en orden; debe ser una herramienta para **agregar valor** y construir una relación más profunda con el cliente. Cada interacción después de la venta es una oportunidad para ofrecer un nuevo nivel de servicio y mostrar que realmente te importa su satisfacción a largo plazo.

- **Truco práctico**: En lugar de simplemente preguntar "¿todo va bien?", intenta **ofrecer algo adicional**. Por ejemplo: "Quiero asegurarme de que estás aprovechando al máximo todas las funciones de nuestro producto. ¿Te interesaría una sesión de optimización gratuita?". Este enfoque no solo reafirma tu compromiso, sino que también refuerza la percepción de valor del cliente y lo convierte en un **defensor de tu marca**.

## 14.2 Cómo Agregar Valor Continuo y Mantener al Cliente Contento

Vender no se trata solo de resolver un problema inicial. Se trata de garantizar que el cliente siga viendo **valor** en tu producto o servicio mucho después de la compra. Cuando un cliente siente que su inversión sigue generando beneficios, se crea una **relación de lealtad**.

### Proveer asistencia continua

Por muy bueno que sea tu producto o servicio, los clientes siempre apreciarán la atención y el **soporte continuo**. Proveer recursos adicionales, entrenamientos y asistencia técnica ayudará a que los clientes obtengan el **máximo valor** de su compra.

- **Ejemplo práctico**: Si has vendido un software de gestión empresarial, programa una sesión de **capacitación avanzada** unos meses después de la implementación. Este tipo de seguimiento no solo demuestra que te preocupas por el éxito continuo del cliente, sino que también te permite detectar **oportunidades de ventas adicionales**, como la implementación de nuevas funcionalidades.

## Anticiparse a las necesidades

En lugar de esperar a que el cliente te contacte con un problema, sé **proactivo**. Esto no solo evita inconvenientes en el futuro, sino que también demuestra que te importa su éxito a largo plazo.

- **Truco psicológico**: Adelantarte a las necesidades del cliente genera un nivel de **confianza más profundo**. Cuando el cliente ve que estás comprometido con su éxito más allá de la venta inicial, fortalecerás la relación y aumentarás las posibilidades de que recurra a ti en el futuro.

## 14.3 Gestión de Clientes Clave: Cómo Hacer que Sigan Comprando

No todos los clientes son iguales. Algunos representan un **valor mucho mayor** para tu negocio, ya sea por su capacidad de compra o por su influencia en su sector. Estos **clientes clave** necesitan una **atención especial**, no solo para retenerlos, sino para convertirlos en verdaderos embajadores de tu marca.

## Gestión proactiva con CRM

Para gestionar de manera efectiva a los clientes clave, necesitas un enfoque **proactivo y organizado.** Un CRM (Customer Relationship Management) bien implementado te permitirá realizar un **seguimiento eficiente** de las interacciones, ventas y oportunidades adicionales con estos clientes.

- **Ejemplo**: Mary Kay Ash, fundadora de Mary Kay Cosmetics, trataba a cada cliente como si fuera un **"diamante en bruto"**. Sus consultoras realizaban un seguimiento personalizado constante, asegurando que cada cliente se sintiera valorado y apreciado. Esta estrategia generaba una lealtad impresionante y repetición de ventas.

## Programas de fidelización

Los programas de fidelización son una excelente manera de asegurar la lealtad de los clientes clave. Al ofrecer **beneficios adicionales** como descuentos, acceso a productos exclusivos o invitaciones a eventos VIP, les muestras que son valiosos para tu negocio.

- **Ejemplo práctico**: Crear un programa de recompensas exclusivo para tus clientes más importantes, donde tengan acceso anticipado a nuevos lanzamientos o eventos especiales, refuerza la percepción de que son **clientes valiosos** y fortalece la relación.

## 14.4 Resolver Problemas Postventa y Convertirlos en Oportunidades

Los **problemas post-venta** son inevitables. Sin embargo, lo que realmente importa es cómo los manejas. Chet Holmes, autor de "THE ULTIMATE SALES MACHINE", cree que un problema bien gestionado puede ser una **oportunidad de oro** para fortalecer la relación con el cliente. Resolver problemas con rapidez y eficacia no solo evita pérdidas, sino que puede generar aún más confianza.

### Actúa rápidamente

La **velocidad** es clave cuando se trata de resolver problemas post-venta. Si un cliente tiene una queja, lo primero que quiere es una **respuesta rápida**. Si demuestras que su satisfacción es tu prioridad, estarás creando un vínculo de **confianza**.

- **Ejemplo práctico**: David Liniger, cofundador de RE/MAX, implementó una política en su empresa: si surgía algún problema con una transacción, su equipo actuaba de inmediato, resolviendo el problema y ofreciendo asistencia legal si era necesario. Esta política no solo garantizaba la satisfacción del cliente, sino que también demostraba un compromiso excepcional.

## Convertir problemas en fidelización

Los clientes no solo valoran la ausencia de problemas, sino que también aprecian cómo los resuelves. A menudo, un cliente valora más la **solución efectiva** de un problema que una transacción sin contratiempos.

- **Truco práctico**: Utiliza las quejas como una **oportunidad** para superar las expectativas. Un cliente que vea cómo te esfuerzas por resolver su problema será mucho más leal que uno que nunca tuvo inconvenientes. Muestra interés genuino en su **satisfacción** y ganarás un cliente para toda la vida.

## 14.5 Identificar Oportunidades de Upselling y Ventas Cruzadas

El seguimiento post-venta no solo es una oportunidad para fortalecer la relación, sino también para **detectar nuevas oportunidades** de negocio. Un cliente satisfecho es mucho más receptivo a nuevas ofertas y productos complementarios.

## Upselling

El upselling consiste en **ofrecer productos o servicios** que mejoren lo que el cliente ya ha adquirido. Esto no solo aumenta el valor de cada cliente, sino que también refuerza la percepción de que siempre estás buscando mejorar su experiencia.

- **Ejemplo práctico**: Si has vendido una solución de software básica para la gestión de inventarios, podrías sugerirle al cliente que añada un módulo avanzado que optimice aún más sus operaciones. "Hemos notado que tu empresa está obteniendo grandes resultados con nuestra solución. ¿Has considerado añadir el módulo de análisis avanzado para obtener una visión más profunda de tus datos?"

## Ventas cruzadas

Las ventas cruzadas implican ofrecer **productos complementarios** a lo que el cliente ya ha adquirido. Estas ofertas no solo aumentan el valor de la transacción, sino que también demuestran que estás buscando maneras de mejorar su negocio de forma integral.

- **Truco práctico**: Durante una revisión periódica del cliente, pregúntales cómo han evolucionado sus necesidades o su negocio. Usa esa información para ofrecer productos o servicios adicionales que se alineen con sus nuevos objetivos. Esto no solo incrementa el valor de la transacción, sino que también muestra que estás pensando en su **éxito continuo**.

## 14.6 Crear Relaciones Emocionales y Personales con los Clientes

El componente **emocional** en las ventas es crítico. Las personas compran emocionalmente y justifican sus decisiones con lógica. Crear una relación emocional con tus clientes puede ser la clave para convertir una venta ocasional en una **relación duradera**.

### Personalización en cada interacción

Cada cliente es diferente y quiere sentirse único. Personaliza tus interacciones para hacer que el cliente sienta que lo valoras como individuo, no solo como una fuente de ingresos.

- **Ejemplo práctico**: En lugar de enviar correos genéricos de seguimiento, personaliza cada uno con detalles específicos sobre la última conversación que tuviste con el cliente. Menciona algo relevante para ellos, como un evento reciente o un proyecto en el que estaban trabajando. Esto crea una conexión emocional más profunda.

## Ofrecer experiencias exclusivas

A los clientes les encanta sentirse especiales. Ofrecerles **experiencias exclusivas**, ya sea en forma de eventos privados o acceso a productos antes de su lanzamiento, los hace sentir valorados.

- **Truco práctico**: Organiza **eventos exclusivos** para tus clientes clave, como reuniones privadas o visitas a tus instalaciones para mostrarles los próximos productos en desarrollo. Estas experiencias generan un nivel de lealtad que va más allá de la transacción comercial.

## 14.7 Utilizar el Feedback del Cliente para Mejorar Continuamente

Pedir **feedback** de manera proactiva y usar las respuestas para mejorar tu producto o servicio no solo te ayuda a perfeccionar tu oferta, sino que también demuestra a tus clientes que valoras su opinión.

## Solicitar feedback de manera regular

No esperes a que el cliente tenga una queja para pedir feedback. Hazlo de manera proactiva para identificar áreas de mejora antes de que se conviertan en problemas.

- **Ejemplo práctico**: Al final de cada proyecto o transacción, envía una **encuesta breve** pidiendo su opinión sobre la experiencia. Pregunta cosas específicas como "¿Cómo podríamos mejorar nuestro servicio?". Este tipo de preguntas no solo te ayudará a identificar áreas de mejora, sino que también fortalecerá la relación, ya que los clientes se sentirán escuchados.

---

## Implementar mejoras basadas en el feedback

El verdadero poder del feedback está en cómo lo usas. No basta con escuchar al cliente; debes demostrar que actúas en base a sus comentarios.

- **Truco práctico**: Asegúrate de informar a tus clientes sobre cualquier **mejora** que hayas implementado basada en su feedback. Puedes hacerlo enviando un correo personalizado o una nota de agradecimiento. "Gracias a tu sugerencia, hemos implementado nuevas funcionalidades en el sistema que están mejorando la experiencia de todos nuestros clientes."

# Resumen Esquemático de los Puntos Clave

1. **La Importancia del Seguimiento:**
   - Mantén el contacto con el cliente tras la venta para reducir la disonancia post-compra.
   - El seguimiento debe ofrecer **valor adicional**, no ser solo una formalidad.

2. **Agregar Valor Continuo:**
   - Proporciona asistencia continua y mantente proactivo en anticipar las necesidades del cliente.
   - Ofrecer valor continuo fortalece la relación y aumenta la posibilidad de futuras ventas.

3. **Gestión de Clientes Clave:**
   - Utiliza un **CRM** para gestionar eficientemente a tus clientes clave y hacer un seguimiento regular.
   - Implementa **programas de fidelización** que premien la lealtad de tus clientes más importantes.

4. **Resolver Problemas Postventa:**

- Aborda los problemas rápidamente y conviértelos en **oportunidades** para generar confianza.
- Un problema bien resuelto fortalece la relación con el cliente más que una experiencia sin contratiempos.

5. **Upselling y Ventas Cruzadas:**
   - Detecta oportunidades de upselling y ventas cruzadas mediante un **seguimiento proactivo**.
   - Ofrece productos complementarios o mejoras que alineen con las necesidades actuales del cliente.

6. **Relaciones Emocionales y Personales:**
   - **Personaliza** cada interacción y crea experiencias exclusivas para tus clientes clave.

7. **Utilizar Feedback:**
   - Pide feedback de manera proactiva y usa las respuestas para mejorar continuamente la experiencia del cliente.

## CTA

Las ventas no terminan con el 'sí'. El verdadero trabajo empieza después: sigue de cerca a tus clientes, aporta valor constante y detecta nuevas oportunidades. ¿Vas a quedarte esperando o vas a convertir a tus clientes en embajadores leales? Mantén a tus clientes cerca, crea relaciones que duren y asegura ingresos a largo plazo. ¡Es tu momento de fidelizar como un verdadero profesional y garantizar el éxito continuo

# Capítulo 15: Automatización de Ventas

La **automatización de ventas** ya no es solo una opción para los equipos modernos; es una **necesidad vital** para sobrevivir y prosperar en el mercado actual. La competencia se mueve rápido y los clientes esperan respuestas inmediatas. La automatización te permite estar **un paso adelante**, responder en tiempo real y gestionar un mayor número de clientes y prospectos con **eficiencia**. Sin embargo, la automatización no puede reemplazar el toque humano; más bien, lo complementa, permitiendo que los vendedores se concentren en lo que realmente importa: **cerrar tratos** y **construir relaciones**.

Empresas líderes en ventas han adoptado la automatización para **escalar sus operaciones** y optimizar cada punto de contacto con el cliente. Figuras como **Gary Vaynerchuk**, **Seth Godin** y **Grant Cardone**, entre otros, han sido pioneros en mostrar cómo las herramientas de automatización pueden mejorar significativamente la eficiencia sin perder de vista la **importancia de la conexión humana**.

# 15.1 Maximizando tu Eficiencia con Herramientas de Automatización

La automatización permite **ahorrar tiempo** en las tareas rutinarias, pero para que funcione, debes entender cómo implementarla sin comprometer la calidad de tu relación con el cliente. Las **herramientas de automatización** son clave para **escalar operaciones**, y cuando se utilizan correctamente, permiten a los equipos de ventas enfocarse en **tareas más estratégicas**.

## Ahorrar Tiempo Sin Perder Calidad

Gary Vaynerchuk, autor y empresario, es un gran defensor de la eficiencia. Su empresa, VaynerMedia, utiliza la automatización de forma masiva para gestionar clientes, pero lo hace manteniendo siempre un enfoque **personalizado**. Vaynerchuk dice que "el tiempo es el recurso más valioso", y es por eso que debes automatizar las tareas que no necesitan **interacción humana directa**.

- **Ejemplo práctico**: Con herramientas como **HubSpot** o **Salesforce**, puedes configurar respuestas automáticas para los correos electrónicos de seguimiento o recordatorios automáticos para las llamadas de seguimiento con prospectos. Esto asegura que no pierdas ninguna oportunidad mientras tu atención está en otros prospectos prioritarios.

Un **CRM** bien implementado puede generar recordatorios automáticos para realizar seguimientos después de las reuniones de ventas o llamadas, manteniendo al cliente comprometido. Además, te asegura que no se pasen por alto **oportunidades de upselling o cross-selling.**

## Mejora en la Gestión de Clientes

Un **CRM** te permite administrar todos los datos de los clientes en un solo lugar, facilitando el acceso a la información relevante en cualquier momento. **Seth Godin**, autor de varios best-sellers sobre marketing y ventas, destaca la importancia de aprovechar la automatización para **personalizar cada interacción**. Según Godin, la personalización es lo que separa a las marcas mediocres de las excepcionales.

- **Truco práctico**: Configura alertas automáticas en tu CRM para que te avisen cuando sea el momento adecuado para hacer un seguimiento, como cuando un cliente abre varios correos o pasa cierto tiempo en una página clave de tu sitio web. Esta acción te permite actuar en el **momento preciso**, aumentando las posibilidades de conversión.

## 15.2 Automatización en la Prospección: Cómo Mantener la Personalización

La **personalización** es un componente crítico en la venta moderna. Sin embargo, personalizar a gran escala puede ser complicado si no tienes las herramientas adecuadas. Las plataformas de **automatización de marketing** como **Marketo**, **Pardot** o **ActiveCampaign** permiten que puedas enviar mensajes personalizados a cientos de prospectos sin perder el **toque humano**.

### Segmentación Inteligente

La **segmentación inteligente** es clave para automatizar la personalización. Las plataformas de automatización permiten **agrupar a los clientes** según comportamientos, intereses y características demográficas, lo que facilita enviar mensajes personalizados y relevantes.

- **Ejemplo práctico**: Si un cliente potencial ha descargado un e-book de tu sitio web, puedes enviarle automáticamente una secuencia de correos electrónicos que aborden el tema tratado en el e-book y lo guíen hacia una **demostración de tu producto o servicio**. Esto mantiene al cliente comprometido y te posiciona como un experto en la materia, todo sin necesidad de intervención manual.

## Personalización Escalable

**Jordan Belfort**, conocido como "El Lobo de Wall Street", es un claro ejemplo de cómo la personalización puede jugar a favor de las ventas. Belfort siempre se aseguraba de recordar detalles importantes sobre cada cliente, y con la automatización esto es aún más fácil. Las plataformas **CRM** permiten almacenar detalles importantes de cada cliente para que puedas utilizarlos en futuras interacciones, haciendo que cada mensaje parezca personalizado, aunque esté automatizado.

- **Truco psicológico**: Utiliza la **personalización** en los correos automatizados mencionando el nombre del cliente, sus preferencias y sus interacciones previas con tu producto o servicio. Al hacer esto, el cliente percibe que te preocupas por sus necesidades específicas, generando una conexión emocional que incrementa las posibilidades de **cerrar la venta**.

## 15.3 Las Mejores Herramientas para Vender sin Esfuerzo

Las herramientas de automatización son vastas, pero algunas se destacan por su capacidad para integrar **ventas**, **marketing** y **servicio al cliente** de manera eficiente.

## 1. CRM (Customer Relationship Management)

**Salesforce**, **HubSpot** y **Zoho** son los pilares fundamentales para gestionar clientes y leads. Estas plataformas no solo permiten gestionar datos, sino que te ayudan a entender en qué parte del **embudo de ventas** está cada cliente y cómo actuar en consecuencia.

- **Ejemplo práctico**: **Salesforce** te permite generar informes automatizados sobre el estado de tus leads y clientes. Puedes configurar notificaciones automáticas para saber cuándo un cliente ha cambiado su comportamiento o ha avanzado a una nueva etapa del proceso de compra. Esta información te permite **adaptar tu estrategia** y centrar tus esfuerzos en los clientes más valiosos.

---

## 2. Automatización de Marketing

**Pardot** y **ActiveCampaign** son herramientas que permiten **nutrir leads** a través de correos electrónicos automatizados y segmentados. Con estas herramientas, puedes enviar **contenido personalizado** en función del comportamiento de los usuarios, mejorando significativamente la tasa de conversión.

- **Ejemplo práctico**: Si un cliente ha abierto varios correos electrónicos sobre un producto en particular, puedes enviarle automáticamente una **oferta especial** o programar una **llamada de seguimiento**. Este tipo de personalización y automatización hace que el cliente se sienta atendido, lo que aumenta las probabilidades de que tome acción.

## 3. Chatbots

Los **chatbots**, como **Intercom** o **Drift**, son una excelente manera de captar leads sin intervención humana, especialmente fuera del horario de oficina. No solo responden preguntas básicas, sino que también pueden **cualificar leads** y **programar reuniones** con el equipo de ventas.

- **Truco práctico**: Utiliza un **chatbot** para cualificar leads que llegan a tu página web. El chatbot puede hacer preguntas clave para determinar si el prospecto está listo para hablar con un representante de ventas. Si es así, puede **programar automáticamente una cita**, ahorrando tiempo a tu equipo de ventas.

## 4. Análisis Predictivo

El **análisis predictivo** es una herramienta avanzada que utiliza **inteligencia artificial** para predecir los comportamientos de los clientes. **Tableau** y **Zoho Analytics** son ejemplos de herramientas que te permiten **anticiparte a las necesidades** de tus clientes.

- **Ejemplo práctico**: Un análisis predictivo puede sugerirte que un cliente está listo para renovar su contrato o que podría estar interesado en un nuevo producto basado en sus compras anteriores. Esto te permite hacer **ofertas relevantes** justo en el momento adecuado.

## 15.4 Automatización Inteligente: El Equilibrio Entre Tecnología y el Toque Humano

La **automatización** tiene un límite, y ese límite es la capacidad de **empatía** y **negociación** que solo un humano puede ofrecer. Cuando se trata de **cierre de ventas**, manejo de objeciones o resolución de problemas complejos, la automatización debe dar un paso atrás y dejar que los vendedores tomen el control.

### No Pierdas el Toque Humano

**Jeffrey Gitomer**, autor de "EL PEQUEÑO LIBRO ROJO DE LAS VENTAS", siempre ha enfatizado la importancia de construir relaciones basadas en la **confianza** y la **conexión humana**. Gitomer dice que las personas compran a personas, no a empresas. Aunque la automatización puede ayudarte a mantener el contacto regular con los clientes, es importante saber **cuándo intervenir personalmente**.

- **Truco práctico**: Usa la automatización para programar recordatorios y hacer seguimientos, pero asegúrate de que los **cierres de ventas**, negociaciones de precios o resoluciones de problemas complejos se realicen siempre **cara a cara** o por teléfono.

## 15.5 Evitando Errores Comunes en la Automatización de Ventas

Muchos vendedores se dejan llevar por la emoción de la automatización y cometen errores que pueden perjudicar las relaciones con los clientes. Aquí te mostramos algunos de los errores más comunes y cómo evitarlos.

### Errores a Evitar

- **Automatización Excesiva**: Automatizar demasiado puede hacer que tus interacciones se sientan **impersonales**. Debes reservar ciertos momentos clave, como las reuniones de cierre y las negociaciones, para **interacciones humanas**.

- **Mensajes Genéricos**: Enviar mensajes genéricos a grandes volúmenes de leads puede ser contraproducente. Asegúrate de **personalizar** cada mensaje en función del comportamiento y las necesidades del cliente.

- **No Revisar los Procesos Automatizados**: Los flujos de trabajo automatizados deben revisarse regularmente para asegurarse de que siguen siendo **relevantes** y efectivos. Si no lo haces, puedes perder oportunidades valiosas.

## Resumen Esquemático de los Puntos Clave

1. **Maximizando tu Eficiencia con Herramientas de Automatización:**
    - Utiliza herramientas como CRM y automatización de correos para mejorar la **eficiencia** sin perder personalización.
    - Implementa recordatorios automáticos para realizar **seguimientos** de manera proactiva.
2. **Automatización en la Prospección:**
    - Usa plataformas como **Marketo** o **ActiveCampaign** para enviar mensajes personalizados a escala.
    - La **segmentación inteligente** es clave para que cada interacción sea relevante.

3. **Las Mejores Herramientas para Vender sin Esfuerzo:**

    o Utiliza **Salesforce** o **HubSpot** para gestionar clientes y obtener datos valiosos en tiempo real.

    o Implementa **chatbots** y herramientas de **análisis predictivo** para cualificar leads y anticipar comportamientos.

4. **Automatización Inteligente:**

    o Combina la **eficiencia de la automatización** con la **empatía humana** en los momentos clave del proceso de ventas.

5. **Errores Comunes:**

    o Evita la **automatización excesiva** que puede despersonalizar tus interacciones.

    o Personaliza siempre tus mensajes y revisa regularmente los procesos automatizados.

## CTA

La automatización optimiza tu tiempo y aumenta ingresos, pero el éxito depende de tu conexión emocional con los clientes. Combina tecnología con un toque personal. Implementa estas técnicas hoy y dispara tu productividad y conversiones. ¡Hazlo ahora!

# Capítulo 16: Gestión del Tiempo y Prioridades en Ventas

La gestión del tiempo es la clave que desbloquea el verdadero potencial de un vendedor de alto rendimiento. En ventas, cada minuto cuenta, y si no sabes cómo administrar tu tiempo, el caos te devora. Mientras los vendedores mediocres corren como pollos sin cabeza, los grandes controlan cada segundo de su día. ¿La diferencia? Saben qué hacer, cuándo hacerlo y, lo más importante, saben qué NO hacer. Este capítulo es para ti, que quieres convertirte en un monstruo de las ventas dominando tu tiempo y prioridades sin misericordia.

# 16.1 Cómo Priorizar Sin Volverse Loco

Priorizar no es simplemente hacer listas interminables ni marcar tareas en una agenda como si fueras un robot. Priorizar es un arte. Se trata de hacer primero lo que tiene el mayor impacto en tu objetivo: vender más. Si no puedes distinguir entre lo urgente y lo importante, estás muerto.

## La Matriz de Eisenhower: Tu Arma para Decisiones Estratégicas

Dwight Eisenhower no solo fue un general increíble y presidente de los EE. UU., también fue un maestro de la gestión del tiempo. Su matriz es simple pero brutalmente efectiva para organizar tus tareas y dejar de perder el tiempo en tonterías.

La matriz se divide en cuatro cuadrantes:

1. **Urgente e importante:** Estas tareas requieren acción inmediata. Aquí viven las llamadas clave con prospectos, reuniones de cierre y seguimientos importantes. Si dejas de hacer estas tareas, tus ventas mueren.

2. **Importante, pero no urgente:** Aquí están las tareas que te hacen crecer a largo plazo. Formación personal, estrategia de ventas, seguimiento postventa. Estas son las actividades que te diferencian del resto.

3. **Urgente, pero no importante:** Distracciones disfrazadas de urgencia. Esas reuniones sin sentido o correos electrónicos que podrían esperar. Aquí es donde los vendedores malos pierden el tiempo.

4. **Ni urgente ni importante:** Elimínalas. No te acerques a estas tareas. Si no te acercan a tus objetivos de ventas, son basura.

**Truco Práctico:** Antes de acostarte, revisa tus tareas del día siguiente y clasifícalas en la matriz de Eisenhower. Esto hará que al día siguiente sepas exactamente qué hacer sin perder ni un segundo en pensar qué es más importante. ¡Ataque directo y sin vacilaciones!

## Bloques de Tiempo Ininterrumpidos: Protege tu Tiempo como un Guerrero

Las interrupciones son el enemigo de las ventas. Cada vez que permites que una llamada innecesaria o un correo sin importancia interrumpa tu flujo, pierdes concentración, y eso mata tu productividad. La solución es brutalmente simple: protege tu tiempo.

**Ejemplo Práctico:** Joe Gandolfo, la leyenda de los seguros, agendaba bloques de tiempo solo para llamadas de ventas. Sin distracciones, sin reuniones estúpidas. Solo llamadas y ventas. Si un cliente llamaba fuera de ese horario, no lo atendía. Sabía que ese bloque de tiempo era su máquina de hacer dinero.

## 16.2 Las Mejores Herramientas para Gestionar tu Tiempo

El tiempo es tu recurso más valioso. Si no sabes gestionarlo, pierdes dinero, oportunidades y la cabeza. ¿Qué hacen los profesionales? Usan herramientas para asegurarse de que están en control absoluto de su agenda, sus tareas y sus resultados. Aquí tienes las mejores.

## Trello o Asana: Organiza tu Mundo de Ventas

Estas plataformas son como tu tablero de mando personal. Te permiten ver cada proyecto y cada tarea de forma visual. No hay nada más poderoso que organizar tus leads según en qué fase del ciclo de ventas están. Todo lo tienes frente a ti: qué clientes contactar, quiénes necesitan seguimiento y cuáles están listos para cerrar.

**Truco Práctico:** Usa Trello para organizar tus leads en tableros con listas como "Prospectos", "Contactados", "En Negociación" y "Cerrados". Cada vez que muevas un lead de una lista a otra, sentirás la satisfacción de que todo está bajo control. El caos no tiene lugar aquí.

## Google Calendar: Domina tu Día con Precisión Quirúrgica

Una agenda mal gestionada es el camino directo a la mediocridad. Google Calendar no es solo una agenda digital; es tu arma secreta para asegurarte de que cada minuto está destinado a generar resultados.

**Truco Psicológico:** Programa tiempo para ti mismo. No solo me refiero a descansos, sino también a tiempo para tu crecimiento personal o entrenamiento. Si no te dedicas a mejorar, tus ventas no lo harán. Una mente fresca y enfocada es imparable.

## RescueTime o Toggl: Descubre Dónde Estás Perdiendo el Tiempo

¿Sientes que el día se te escapa sin lograr nada importante? Estas herramientas te dirán exactamente en qué estás gastando tu tiempo. RescueTime y Toggl monitorizan tus actividades y te muestran las fugas de tiempo, donde estás desperdiciando tus horas valiosas.

**Ejemplo Práctico:** David Liniger, cofundador de RE/MAX, llevaba un control meticuloso de su agenda, midiendo cada tarea y su impacto. Si algo no producía resultados, lo eliminaba o lo delegaba. Así de simple. No hay espacio para lo que no produce.

## 16.3 Decir "No" de Forma Estratégica para Vender Más

Este es uno de los secretos que pocos vendedores entienden. Decir "no" no solo te hace más productivo, sino que te posiciona como alguien con valor. Los vendedores mediocres dicen "sí" a todo porque temen perder oportunidades. Los grandes saben que decir "no" es una táctica para proteger su tiempo y aumentar sus resultados.

### El Poder del "No" Según Jim Camp

Jim Camp, en su libro START WITH NO, explica que uno de los mayores errores de los vendedores es intentar agradar a todos. Decir "no" no solo te da el control de la situación, sino que demuestra que valoras tu tiempo y el del cliente. Esto aplica tanto a prospectos que solo quieren perder tu tiempo como a distracciones internas.

**Ejemplo Práctico:** Si un cliente insiste en descuentos sin justificación, pide reuniones inútiles o simplemente retrasa la toma de decisiones, no tengas miedo de decir "no". Joe Girard, uno de los mejores vendedores de la historia, decía que su éxito radicaba en saber rápidamente quién no iba a comprar y cortar por lo sano para enfocarse en aquellos que sí lo harían.

## Priorizar lo que te Genera Dinero, No lo que te Distrae

Cada vez que dices "sí" a una tarea irrelevante, estás diciendo "no" a una oportunidad de venta. Decir "no" es más que productividad, es estrategia pura. Solo acepta lo que te genera dinero. Todo lo demás, o lo delegas o lo eliminas.

**Truco Práctico:** Delegar no es un lujo, es una necesidad. Si pasas horas haciendo tareas administrativas que podrías automatizar o delegar a otros, estás perdiendo tiempo valioso de ventas. Herramientas como Zapier o Asana pueden automatizar muchas tareas, liberándote para lo realmente importante.

---

## 16.4 El Método de Mago More para la Eficiencia Máxima

En su libro SUPERPODERES DEL ÉXITO PARA GENTE NORMAL, Mago More introduce una serie de técnicas que permiten optimizar el tiempo de manera extraordinaria. Uno de sus métodos clave es el uso del "minuto de oro" en cada tarea o interacción. La idea es comenzar cualquier reunión o actividad con un golpe directo, explicando de manera clara y concisa el objetivo en ese primer minuto. Este enfoque no solo permite captar la atención, sino que también establece el tono y la dirección correcta.

Además, More es un defensor de la técnica Pomodoro, creada por Francesco Cirillo, que divide el trabajo en intervalos de 25 minutos de concentración ininterrumpida seguidos de breves descansos. Este enfoque ha demostrado aumentar la productividad, ya que minimiza la fatiga mental y mejora la capacidad de concentración.

**Ejemplo Práctico:** Implementa bloques Pomodoro en tu rutina diaria para tareas como la prospección o el seguimiento de clientes. Puedes usar un temporizador para establecer los 25 minutos, y después de cuatro ciclos, tomarte un descanso más largo.

## 16.5 Cómo los Grandes Gurús Afrontan las Reuniones

Los grandes empresarios no solo gestionan su tiempo, sino que lo maximizan al enfrentar las reuniones con una mentalidad estratégica. Steve Jobs, Jeff Bezos, y Elon Musk han establecido un estándar de cómo aprovechar cada minuto en una reunión, asegurando que se logren decisiones claras y accionables.

Aquí tienes el texto unificado con el mismo formato:

## Steve Jobs: Enfócate Solo en lo Crucial

Steve Jobs era famoso por su enfoque minimalista en las reuniones. Prefería mantenerlas pequeñas, con un número limitado de personas, y solo discutía los tres temas más importantes. Jobs creía que la simplicidad llevaba a una mayor claridad y eficiencia, evitando conversaciones irrelevantes y manteniendo el foco en lo que realmente importaba.

**Ejemplo práctico**: Limita la cantidad de personas en tus reuniones y asegúrate de que se enfoquen en los tres puntos más relevantes para tu negocio. Esto no solo reduce el tiempo perdido, sino que también mejora la productividad al asegurar que todos los asistentes estén involucrados en las decisiones clave.

## Jeff Bezos: La Regla de las Dos Pizzas

Jeff Bezos, CEO de Amazon, tiene una regla simple pero poderosa: si en una reunión no puedes alimentar al equipo con dos pizzas, es que hay demasiada gente. Esta regla asegura que las reuniones sean eficientes y manejables. Además, Bezos exige que cada reunión comience con un memo narrativo que todos los asistentes deben leer antes de empezar. Esto asegura que todos estén alineados desde el minuto uno y que no se pierda tiempo en explicaciones.

**Ejemplo práctico**: Antes de cada reunión, envía un resumen escrito de los puntos clave a tratar. Esto permite a los participantes llegar preparados y que la reunión avance sin contratiempos, centrada en tomar decisiones rápidas y efectivas.

# Elon Musk: Rechaza el PowerPoint y Mantén la Brevedad

Elon Musk evita presentaciones largas y llenas de gráficos. En su lugar, prefiere discusiones directas sobre los problemas y soluciones clave. Musk es conocido por su intolerancia hacia las reuniones prolongadas, animando a sus empleados a abandonar aquellas en las que no estén contribuyendo activamente. Su enfoque es práctico y directo: eliminar todo lo que no aporta valor.
**Ejemplo práctico**: Reemplaza las presentaciones largas por discusiones enfocadas en la solución de problemas. Si una reunión no está produciendo resultados inmediatos, corta la conversación y avanza hacia los siguientes pasos.

# Richard Branson: Escucha y Actúa Rápido

Richard Branson, fundador del Virgin Group, es conocido por su estilo relajado pero altamente efectivo en las reuniones. Branson se enfoca en escuchar más de lo que habla, creando un espacio para que sus empleados compartan ideas. También fomenta la rapidez en la toma de decisiones, prefiriendo reuniones cortas y directas, donde las ideas se implementan de inmediato.
**Ejemplo práctico**: Escucha atentamente y toma decisiones rápidamente. Establece reuniones breves donde los participantes se centren en las soluciones y no en las discusiones prolongadas.

## Warren Buffett: Mantén las Reuniones al Mínimo

El inversor legendario Warren Buffett es famoso por evitar reuniones innecesarias. Solo tiene unas pocas reuniones importantes cada semana, y estas están estrictamente limitadas tanto en duración como en el número de participantes. Para Buffett, una reunión solo tiene valor si genera un retorno claro de inversión en tiempo o decisiones importantes.

**Ejemplo práctico**: Reduce el número de reuniones a las más esenciales, y asegúrate de que cada una tenga un propósito claro. Si una reunión no produce un valor tangible, es mejor evitarla o acortarla.

## Sheryl Sandberg: La Eficiencia del "No Meeting Wednesdays"

Sheryl Sandberg, COO de Facebook (ahora Meta), implementó la práctica del "No Meeting Wednesdays". Este día está completamente libre de reuniones para que los empleados puedan concentrarse en trabajo profundo sin interrupciones. Sandberg cree firmemente que eliminar las reuniones un día a la semana permite a los empleados avanzar en proyectos importantes sin distracciones.

**Ejemplo práctico**: Implementa un día sin reuniones en tu equipo de ventas o para ti mismo. Dedica ese tiempo a actividades de alto impacto, como la prospección o el seguimiento intensivo de clientes. Verás cómo la productividad mejora al no tener interrupciones.

# Warren Buffett: La Regla del 80/20 para las Reuniones

Warren Buffett, conocido por su extrema selectividad con el tiempo, aplica la regla del 80/20 a las reuniones. Para él, el 80% del valor se genera en el 20% del tiempo. Buffett siempre busca ir directo al grano y prefiere que las reuniones sean cortas y centradas en decisiones concretas.
**Ejemplo práctico**: Identifica rápidamente los puntos clave en una reunión y concéntrate en esos. Si la reunión se prolonga sin sentido, ten la confianza de concluirla. Esto ahorra tiempo y asegura que los participantes valoren más tu tiempo y el de ellos.

# Mark Zuckerberg: Decisiones Rápidas y Reuniones Informales

Mark Zuckerberg, fundador y CEO de Facebook (Meta), mantiene las reuniones lo más informales y ágiles posible. Se enfoca en la rapidez y la toma de decisiones, fomentando discusiones abiertas y colaborativas. Para Zuckerberg, las reuniones son una herramienta para resolver problemas, no para discutir indefinidamente sobre ellos.
**Ejemplo práctico**: Establece reuniones cortas y resueltas en decisiones. Establece un tiempo límite para cada reunión, y asegúrate de que todas las discusiones culminen en una acción concreta.

## Richard Branson: La Flexibilidad en las Reuniones Caminando

Richard Branson prefiere tener reuniones mientras camina o en ambientes no convencionales. Este enfoque promueve la creatividad y evita que las reuniones se vuelvan largas y tediosas. Branson también aplica la regla de que si una reunión no genera valor en los primeros 10 minutos, debe terminarse.
**Ejemplo práctico**: Si las reuniones se estancan, sugiere una caminata para discutir los temas importantes. Cambiar el entorno físico puede refrescar las ideas y mantener las reuniones concisas y productivas.

## Reed Hastings: Reuniones Sin Informes Escritos

Reed Hastings, CEO de Netflix, tiene una filosofía radical: no cree en informes escritos ni presentaciones largas. Prefiere que los empleados lleguen listos para discutir los temas directamente, basándose en hechos y datos clave. Esta política ha ayudado a Netflix a convertirse en una empresa ágil y enfocada en decisiones rápidas.
**Ejemplo práctico**: Evita las presentaciones innecesarias. Asegúrate de que los participantes lleguen preparados para discutir y solucionar problemas basándose en datos reales. Esto acelera las reuniones y las hace más efectivas.

## Tim Cook: La Precisión en la Preparación

Tim Cook, CEO de Apple, es conocido por su enfoque meticuloso en la preparación de las reuniones. Antes de cada una, se asegura de que todos los participantes estén completamente preparados y que los puntos a tratar estén claramente definidos. Cook también defiende las reuniones pequeñas y enfocadas, donde cada minuto esté orientado a la acción.

**Ejemplo práctico**: Prepara un resumen conciso de los temas a tratar antes de cada reunión. Asegúrate de que todos los asistentes sepan sus responsabilidades y tengan la información necesaria para contribuir. Esto evita distracciones y asegura que las reuniones se mantengan enfocadas en tomar decisiones.

## Satya Nadella: Empatía y Productividad en las Reuniones

Satya Nadella, CEO de Microsoft, ha transformado la cultura organizacional de la empresa a través de una combinación de empatía y productividad. Nadella cree en reuniones donde todos los miembros del equipo puedan contribuir, asegurando que las voces más calladas también sean escuchadas. Al mismo tiempo, se enfoca en la eficiencia y en la solución de problemas.

**Ejemplo práctico**: Al inicio de tus reuniones, dedica un momento para que cada persona exprese sus opiniones o desafíos. Esto fomenta la participación activa y garantiza que se aborden todos los temas importantes sin que una sola voz domine la discusión.

## 16.6 Preparar una Agenda para una Reunión: La Clave del Éxito

Una reunión sin una agenda clara es como un barco a la deriva. Las reuniones que carecen de estructura suelen extenderse más de lo necesario, diluyendo su impacto y dejando a los participantes confundidos o sin un plan de acción claro. La clave para que una reunión sea productiva está en la preparación de una agenda detallada y efectiva que guíe la conversación hacia los objetivos concretos.

### ¿Por qué es esencial tener una agenda?

Los grandes líderes empresariales como Steve Jobs, Jeff Bezos, Elon Musk y Richard Branson son conocidos por su obsesión con la eficiencia en las reuniones. Para ellos, cada minuto cuenta, y una agenda bien estructurada asegura que el tiempo invertido sea utilizado de la mejor manera posible.

1. **Claridad en los objetivos:** Una agenda bien definida establece los objetivos de la reunión de forma clara desde el principio. Esto evita desviaciones y mantiene a todos enfocados.

2. **Eficiencia:** Las reuniones sin una agenda suelen perderse en discusiones irrelevantes. Una agenda actúa como un mapa que guía la conversación y asegura que se cubran todos los puntos importantes en el tiempo asignado.

3. **Responsabilidad:** Al incluir nombres de responsables en la agenda, se asegura que cada participante entienda qué se espera de él o ella durante la reunión.

4. **Minimiza el tiempo perdido:** En su libro, Mago More señala que el tiempo es uno de los recursos más

valiosos que tenemos, y prepararse adecuadamente para una reunión es una forma de respetar ese tiempo.

## Resumen Esquemático de los Puntos Clave:

1. **Priorizar de manera brutalmente efectiva:** Usa la Matriz de Eisenhower para saber qué hacer primero y qué eliminar.

2. **Herramientas clave para gestionar tu tiempo:** Trello o Asana para la organización visual de tus leads y proyectos.

3. **Decir "No" estratégicamente:** Aprende a decir "no" a lo que no te acerca a tus metas de ventas.

4. **Cómo preparar una agenda efectiva:** Define objetivos claros, asigna tiempos y responsables, y envía la agenda con antelación.

CTA:

La gestión del tiempo no es una habilidad deseable; es una obligación si quieres destacar en ventas. La falta de control sobre tu agenda te llevará al fracaso, mientras que dominar tu tiempo y tus prioridades te convertirá en una máquina de cerrar acuerdos.

Es hora de dejar las excusas y tomar el control de tu agenda. ¡Empieza ahora y ve cómo tu productividad y tus ventas se disparan!

# Capítulo 17: Networking y Relaciones a Largo Plazo

En ventas, tu red de contactos es tu mayor activo. Si no estás construyendo relaciones poderosas, duraderas y auténticas, estás perdiendo oportunidades valiosas. El networking no es simplemente un complemento; es la diferencia entre un vendedor común y uno que domina su mercado. Este capítulo está dirigido a quienes comprenden que el éxito en ventas no se logra en solitario, sino a través de una red sólida, construida estratégicamente. Aquí no se trata de coleccionar tarjetas de presentación, sino de crear conexiones significativas que te abran puertas y te permitan aprovechar oportunidades que jamás habrías imaginado.

## 17.1 Construir y Mantener una Red de Contactos Sólida

La construcción de una red de contactos efectiva va mucho más allá de asistir a eventos o agregar personas en LinkedIn. Se trata de forjar relaciones auténticas, basadas en la confianza y en un intercambio continuo de valor. Los mejores vendedores entienden que no se trata de la cantidad de contactos, sino de la calidad de las relaciones que construyen.

### Ley de la Reciprocidad: Da antes de recibir

Uno de los principios fundamentales del networking es la Ley de la Reciprocidad, que Robert Cialdini explora en su libro INFLUENCE. Este principio establece que las personas sienten una obligación de devolver favores cuando alguien les ha ofrecido algo. En el contexto del networking, esto significa que, si proporcionas valor genuino a tus contactos sin esperar nada a cambio, estarás sembrando las bases para futuras colaboraciones y oportunidades.

**Truco Práctico:** En cada nueva interacción, pregúntate: "¿Cómo puedo ayudar a esta persona antes de pedirle algo?". Cambia tu enfoque hacia ofrecer valor primero, en lugar de tratar de obtener algo inmediatamente. Al aportar a los demás sin esperar nada, generarás buena voluntad y te posicionarás como alguien valioso en su red.

**Beneficio:** Este enfoque basado en la reciprocidad te garantiza que, cuando necesites apoyo, tu red estará más dispuesta a ayudarte. Las personas responden a quienes los han ayudado sin buscar nada a cambio, y esto genera relaciones duraderas y de calidad que incrementan tus oportunidades a largo plazo.

## Calidad sobre Cantidad: No eres un coleccionista de contactos

Tener miles de contactos en LinkedIn no tiene valor si esas conexiones no son significativas. Los grandes vendedores, como Joe Girard, comprendieron la importancia de cultivar relaciones auténticas con cada cliente. Girard no solo vendía autos, sino que desarrollaba relaciones tan fuertes que sus clientes regresaban y lo recomendaban a otros.

**Ejemplo Práctico:** En lugar de asistir a un evento de networking con el objetivo de recolectar tarjetas de presentación, céntrate en conocer a unas pocas personas. Pregúntales por sus necesidades y analiza cómo puedes ayudarles. Así, crearás conexiones más profundas y significativas, en lugar de coleccionar contactos superficiales.

**Beneficio:** El enfoque en la calidad sobre la cantidad genera relaciones más sólidas y duraderas. Esto te posiciona como una persona confiable, con un círculo de contactos que realmente te respaldará en momentos clave, incrementando tus oportunidades a lo largo del tiempo.

---

## 17.2 Cómo Generar Relaciones que Sumen Valor a Largo Plazo

El networking no es algo que se hace una sola vez; es una actividad constante que requiere esfuerzo y cuidado. Las relaciones que realmente suman valor no son las que se olvidan tras un evento o reunión, sino las que se alimentan con interacciones regulares y aportaciones continuas.

## Mantén el contacto regularmente: El seguimiento constante

Las relaciones profesionales, al igual que las personales, requieren mantenimiento. Si solo te comunicas con tus contactos cuando necesitas algo, estás desperdiciando oportunidades. El seguimiento regular, aunque sutil, es la clave para mantener una red activa y vibrante.

**Ejemplo Práctico:** David Liniger, cofundador de RE/MAX, se destacó por su hábito de enviar notas manuscritas a sus clientes y contactos. Este gesto simple pero personal le permitió mantenerse presente en la vida de sus clientes, fomentando relaciones más cercanas y leales. La lección aquí es que pequeños gestos, hechos de manera constante, generan grandes resultados.

**Beneficio:** El seguimiento constante te permite mantenerte en la mente de tus contactos sin ser intrusivo. Esto crea una relación que no solo se mantiene a lo largo del tiempo, sino que te asegura estar en una posición de ventaja cuando surjan nuevas oportunidades de colaboración.

## Ofrecer valor antes de pedir: La clave del networking efectivo

Una de las mejores maneras de fortalecer una relación es ofreciendo valor antes de solicitar algo a cambio. Cuando ayudas a tus contactos, se establece una dinámica de generosidad que crea una conexión mucho más fuerte y duradera.

**Ejemplo Práctico:** Supón que un conocido tuyo está buscando expandirse en una industria en la que tienes contactos. Si haces una introducción sin esperar nada a cambio, estás agregando valor a ambas partes y construyendo tu reputación como alguien que conecta personas y oportunidades.

**Beneficio:** Al adoptar un enfoque generoso, te posicionas como una persona confiable. La lealtad y la reciprocidad que generas con este enfoque aseguran que tu red esté dispuesta a apoyarte en futuras oportunidades, reforzando tus relaciones a largo plazo.

### Cipri Quintas: Networking basado en la generosidad

Cipri Quintas, autor de EL LIBRO DEL NETWORKING y SAWUBONA, es un referente en España sobre cómo el networking debe basarse en la generosidad y autenticidad. Sawubona, una palabra zulú que significa "te veo", captura la esencia de su enfoque. Quintas promueve que dar sin esperar recibir a cambio es el camino más sólido para construir relaciones profundas y duraderas. Él destaca que la base de una buena red de contactos es aportar valor continuamente, sin esperar beneficios inmediatos.

**Beneficio:** Aprender del enfoque de Quintas es esencial para quienes buscan relaciones que trasciendan lo transaccional. La generosidad fortalece tu red, te convierte en una persona influyente y te abre puertas a oportunidades que jamás imaginaste.

### Adam Grant: Dar y Recibir

El psicólogo organizacional Adam Grant, en su libro GIVE AND TAKE (Dar y Recibir), aborda el concepto de que los más exitosos en el mundo empresarial son aquellos que dan sin esperar recibir nada a cambio. A diferencia de los "takers" (quienes solo buscan lo que pueden obtener), los "givers" (quienes aportan sin esperar nada de retorno) son los que logran mayor éxito y sostenibilidad en sus relaciones.

**Ejemplo Práctico:** Grant sugiere que ser un "giver" no significa ser ingenuo o dejarse aprovechar, sino actuar con generosidad estratégica. Ayudar a otros genera confianza y crea redes sólidas de apoyo. Las personas que adoptan este enfoque se convierten en los referentes dentro de sus redes, porque los demás confían en que siempre recibirán apoyo.

## 17.3 La Confianza como Factor Clave en el Networking

La confianza no es solo un aspecto deseable en una relación; es el fundamento de todas las interacciones exitosas. Sin confianza, una red de contactos es débil y propensa a colapsar. La confianza, una vez establecida, crea una dinámica en la que las relaciones fluyen de manera más rápida y efectiva.

### La confianza acelera las relaciones

En su libro THE SPEED OF TRUST, Stephen Covey explica que cuando existe confianza en una relación, las interacciones se desarrollan de manera más fluida y rápida. La confianza elimina las barreras y facilita la toma de decisiones, lo que es crucial en el mundo de las ventas y los negocios.

**Truco Práctico:** Cumple siempre tus promesas, sin importar lo pequeñas que sean. Si te comprometes a enviar un informe o a hacer una presentación, hazlo. Cada pequeña acción que respalde tus palabras construye una reputación de confiabilidad, lo que a su vez refuerza la confianza de tu red en ti.

## Recomendaciones basadas en la confianza

Mary Kay Ash, fundadora de Mary Kay Cosmetics, comprendía profundamente el valor de la confianza en las relaciones comerciales. Su éxito no solo se debió a la calidad de sus productos, sino a la lealtad que inspiraba en sus clientas a través de la confianza. Ash creía firmemente en cumplir siempre con lo prometido, lo que generaba un efecto dominó de recomendaciones.

**Ejemplo Práctico:** Si ayudas a un contacto sin esperar nada a cambio, esa persona recordará tu gesto cuando surja la oportunidad de referir a alguien. Las relaciones basadas en la confianza crean un ciclo continuo de referencias y oportunidades.

---

## 17.4 Cómo Hacer Networking de Manera Estratégica y Focalizada

El networking efectivo no ocurre por accidente. Los grandes vendedores saben que cada interacción debe estar alineada con sus objetivos estratégicos. No se trata de asistir a todos los eventos posibles, sino de ser selectivo y enfocar tu energía en las conexiones que realmente aportarán valor a tu carrera o negocio.

## Selecciona tus batallas: No todos los eventos son para ti

Asistir a todos los eventos de networking posibles puede ser contraproducente. En lugar de dispersarte, elige estratégicamente los eventos que se alineen con tus metas y donde puedas encontrar personas clave que añadan valor a tu red.

## Crea oportunidades dentro de tu red

No siempre tienes que esperar a que los eventos ocurran. Si tienes una red sólida, toma la iniciativa y organiza tus propios encuentros. Ser el conector dentro de tu red te posiciona como una persona influyente, lo que puede generar aún más oportunidades.

**Ejemplo Práctico:** Si has establecido relaciones clave dentro de tu industria, organiza un evento privado o una reunión pequeña donde personas importantes de tu red puedan conocerse entre sí. Esto te posiciona como alguien que facilita el éxito de los demás.

## Conclusión del Capítulo 16: El Networking es tu Activo Más Poderoso

El networking efectivo no es opcional para el éxito en ventas; es esencial. No se trata solo de cuántas personas conoces, sino de cuán sólidas y significativas son esas relaciones. Las redes basadas en la reciprocidad, la confianza y la estrategia son las que te abrirán puertas y te catapultarán al éxito a largo plazo. Si aplicas estos principios, verás cómo tu red se convierte en tu recurso más valioso para alcanzar tus metas.

## Resumen Esquemático de los Puntos Clave:

- **Construir una Red de Contactos Sólida:**
    - Prioriza la calidad sobre la cantidad.
    - Da antes de recibir: La Ley de la Reciprocidad te abre más puertas que cualquier otra estrategia.
- **Generar Relaciones a Largo Plazo:**
    - Mantén el contacto de manera regular para alimentar las relaciones.
    - Ofrece valor antes de pedir algo: El éxito está en lo que das, no en lo que recibes.
- **La Confianza como Factor Clave:**
    - La confianza acelera las relaciones y facilita los negocios.
    - Cumple siempre tus promesas y observa cómo tu red se fortalece.
- **Networking Estratégico:**
    - Asiste solo a eventos que alineen con tus objetivos.
    - Sé proactivo y crea oportunidades dentro de tu red.

CTA:

¡No pierdas más tiempo! El poder del networking está en tus manos. Comienza hoy a conectar con personas clave, a generar valor y a fortalecer esas relaciones. Si no lo haces, te quedarás atrás. ¡Es hora de actuar!

# Capítulo 18: Inteligencia Emocional en Ventas

La inteligencia emocional (IE) ya no es una "habilidad blanda" opcional. En el mundo de las ventas, es el diferenciador entre los que simplemente sobreviven y los que triunfan. Si no dominas la IE, estás dejando dinero sobre la mesa. Este capítulo no va a suavizar las cosas: el manejo emocional es una cuestión de vida o muerte para tu éxito en ventas. Vamos a abordar cómo desarrollar y utilizar esta herramienta para influir, persuadir y cerrar más ventas. Porque si no controlas tus emociones, estas te controlan a ti, y eso no tiene cabida en un entorno de alto rendimiento.

# 18.1 Qué es la Inteligencia Emocional y por qué es Crucial en Ventas

Daniel Goleman lo define claro: la inteligencia emocional es la capacidad de reconocer, entender y manejar tus propias emociones, así como influir en las emociones de los demás. Si crees que las ventas se basan solo en datos y argumentos racionales, estás perdiendo el 90% del juego. Las decisiones de compra están impulsadas, más que nada, por emociones. Y quien domina esas emociones, tanto las suyas como las del cliente, gana la partida.

¿Por qué importa tanto? Porque cada venta es una negociación emocional. Si no puedes gestionar el miedo, la duda o la frustración que sienten tus clientes, ¿cómo esperas que tomen una decisión a tu favor? El cliente quiere sentirse comprendido, valorado y guiado. Si eres capaz de manejar tus propias emociones y, al mismo tiempo, conectar con las emociones del cliente, tienes el control.

**Ejemplo Clave:** Jordan Belfort, el famoso "Lobo de Wall Street", no era solo un maestro en técnicas de ventas agresivas, sino que sabía cómo apelar a las emociones de sus clientes. Entendía sus miedos y aspiraciones, y ajustaba su mensaje para que los clientes se sintieran comprendidos y empoderados. Su capacidad para manejar sus propias emociones y las de su equipo era la razón por la que podía cerrar millones en ventas.

**Beneficio:** Al dominar la inteligencia emocional, logras una ventaja competitiva. Puedes manejar con mayor eficacia las emociones del cliente, eliminando barreras y creando un ambiente de confianza que facilita la venta. Esto no solo aumenta tu tasa de éxito, sino que también mejora tus relaciones a largo plazo con los clientes.

## 18.2 Desarrollar Empatía: El Puente hacia la Conexión Real con el Cliente

La empatía no es una opción en ventas, es una necesidad. Philip Hesketh, experto en psicología de ventas, lo explica de manera directa: la empatía es la clave para desbloquear el verdadero potencial de una conversación de ventas. No se trata solo de escuchar lo que el cliente dice; se trata de captar lo que no está diciendo. ¿Qué miedos tiene? ¿Qué frustraciones está ocultando? ¿Qué lo hace dudar?

El 95% de las decisiones de compra están basadas en emociones, y la empatía es el atajo para llegar a esas emociones. Si no te tomas el tiempo para entender al cliente, estás vendiendo a ciegas. Un vendedor con empatía identifica el verdadero problema del cliente, incluso si el cliente no puede articularlo.

**Ejemplo Práctico:** Cuando un cliente dice "Es muy caro", un vendedor mediocre trata de justificar el precio. Un vendedor emocionalmente inteligente, en cambio, entiende que la objeción puede estar impulsada por el miedo al fracaso o al riesgo. Respondería algo como: "Entiendo que invertir en esto puede parecer arriesgado. Muchos de nuestros clientes también lo sintieron, pero luego vieron cómo se multiplicaba su retorno." Este enfoque empatiza con el miedo y lo disipa, lo que te pone en una posición de confianza.

**Beneficio:** La empatía genera confianza instantánea. Los clientes se sienten comprendidos y, por ende, están más dispuestos a colaborar contigo. Este vínculo emocional facilita el cierre de ventas, ya que los clientes toman decisiones basadas en la seguridad emocional que has creado.

## 18.3 Cómo Manejar Tus Emociones en los Momentos Críticos

Las ventas son una montaña rusa emocional. Negociaciones difíciles, objeciones constantes, rechazos... si no sabes manejar tus emociones en estos momentos, estás destinado al fracaso. No se trata de no sentir, sino de saber cómo transformar esas emociones en acción productiva.

Cuando te enfrentas a una objeción dura o a un rechazo rotundo, es fácil dejar que el ego tome el control. Pero los mejores vendedores, los que cierran consistentemente, saben cómo mantener la calma en el ojo del huracán. Jim Camp, autor de START WITH NO, afirma que aceptar un "no" y no dejar que te afecte emocionalmente es la clave para volver a la mesa y cerrar más tarde. El rechazo no es el enemigo, el ego sí lo es.

### Técnicas para Manejar Emociones Bajo Presión:

1. **Reconoce lo que sientes:** No ignores tus emociones. Si te sientes ansioso antes de una gran presentación o frustrado tras un rechazo, reconócelo. Aceptar lo que sientes es el primer paso para gestionarlo.
2. **Respiración Consciente:** En momentos de estrés, la respiración es tu mejor aliada. Antes de una llamada crucial o tras una objeción dura, haz varias respiraciones profundas. Esto envía una señal a tu cerebro de que todo está bajo control.

3. **Reformula los Rechazos:** Cada "no" es una lección. Si un cliente te rechaza, no lo tomes como algo personal. Analiza lo que puedes aprender de la situación y ajusta tu enfoque para la próxima vez.

## Otras Técnicas para Manejar la Presión:

- **Desensibilización Sistemática:** Practica exponiéndote a situaciones de presión para que te acostumbres a ellas. Cuanto más enfrentes objeciones o rechazos en entornos controlados, mejor manejarás esas situaciones en la vida real.

- **Visualización Positiva:** Antes de una reunión importante, imagina cómo superarás cada desafío. Esta técnica reduce la ansiedad y mejora tu desempeño en situaciones reales.

- **Control del Discurso Interno:** Cambia pensamientos negativos como "no puedo" por afirmaciones positivas como "tengo lo que se necesita". Tu diálogo interno influye directamente en tu confianza y desempeño.

**Ejemplo Clave:** Chris Gardner, el hombre cuya vida inspiró la película EN BUSCA DE LA FELICIDAD, experimentó rechazos constantes durante su lucha por entrar en el mundo financiero. Pero en lugar de rendirse, usaba cada "no" como un aprendizaje y seguía adelante con aún más determinación. Su éxito no fue resultado de evitar el rechazo, sino de saber cómo manejarlo emocionalmente.

**Beneficio:** El manejo emocional en momentos críticos te permite mantener el control de la situación. Aprender a aceptar los rechazos como parte del proceso fortalece tu resistencia mental, lo que te prepara para futuros éxitos. Dominar tus emociones bajo presión mejora tu capacidad para tomar decisiones inteligentes en lugar de reacciones impulsivas.

## 18.4 El Caso de Howard Schultz: Liderazgo Basado en Inteligencia Emocional

Howard Schultz, el legendario CEO de Starbucks, es un ejemplo de cómo la inteligencia emocional puede transformar una empresa y sus resultados. Cuando Schultz retomó el control de Starbucks en 2008, la compañía estaba pasando por un mal momento. En lugar de centrarse solo en las métricas financieras, Schultz apostó por un liderazgo basado en la empatía y la conexión emocional con sus empleados y clientes.

Schultz introdujo una cultura de transparencia y cuidado en la empresa, donde cada decisión se tomaba considerando el impacto emocional en los empleados y clientes. Implementó programas de beneficios para empleados, lo que no solo mejoró la moral interna, sino que también se tradujo en un servicio más cercano y empático hacia los clientes. Esta conexión emocional renovada con su equipo y consumidores ayudó a revivir la marca y reposicionarla como líder en su sector.

**Ejemplo Inspirador:** Schultz no solo implementó beneficios y mejores condiciones para sus empleados, también promovió una cultura de "escucha activa" dentro de la empresa. Este enfoque no solo mejoró la retención de talento, sino que aumentó la lealtad de los clientes, demostrando que la inteligencia emocional aplicada en toda la organización puede tener un impacto significativo en los resultados de ventas.

**Beneficio:** El liderazgo emocionalmente inteligente no solo inspira a los empleados, sino que también mejora el rendimiento general de la empresa. Los empleados comprometidos y emocionalmente conectados con la visión de la empresa son más productivos, lo que se traduce en mejores resultados comerciales.

## 18.5 La Inteligencia Emocional como Arma Secreta en Ventas

La inteligencia emocional no es algo que puedas ignorar si quieres jugar en las grandes ligas. Es la habilidad que te permitirá cerrar más ventas, construir relaciones más profundas y manejar mejor los momentos de presión. Los vendedores emocionalmente inteligentes son los que entienden que detrás de cada transacción hay una persona con miedos, deseos y expectativas. Y esa persona necesita sentir que está siendo escuchada, valorada y comprendida.

**Ejemplo Clave:** Tony Robbins, el gigante del desarrollo personal, habla constantemente de cómo la inteligencia emocional es clave para influir en las personas. El 80% del éxito es psicología, no estrategia. La capacidad de comprender las emociones y guiar a las personas a través de sus barreras emocionales es lo que hace que Tony sea capaz de mover masas y generar resultados extraordinarios en sus seminarios y eventos.

**Beneficio:** La inteligencia emocional no solo te permite cerrar más ventas, sino que también mejora la calidad de tus relaciones comerciales. Entender y gestionar las emociones tanto propias como de los demás te convierte en un líder en tu sector, capaz de influir y motivar a quienes te rodean.

# Conclusión: La Inteligencia Emocional es tu Mayor Arma

Si no estás desarrollando tu inteligencia emocional, estás jugando en desventaja. Manejar tus emociones y conectar emocionalmente con tus clientes no es solo importante, es lo que determinará tu éxito en ventas. Las herramientas y estrategias no te llevarán lejos si no puedes dominar este aspecto crucial de la venta. Recuerda: las decisiones de compra son emocionales, y quien controle las emociones controla el resultado.

## Resumen Esquemático de los Puntos Clave:

- **Inteligencia Emocional:** Gestiona tus emociones y las de los clientes para influir en las decisiones de compra.
- **Empatía:** Ponte en los zapatos del cliente para entender sus verdaderas motivaciones. No vendas productos, vende soluciones que toquen fibras emocionales.
- **Manejo de Emociones:** Transformar el rechazo en oportunidad y aprender de cada "no". Usar técnicas como la respiración consciente, la visualización positiva y el control del discurso interno.
- **Ejemplos Clave:**
    - **Howard Schultz** utilizó la inteligencia emocional para revitalizar Starbucks y conectar emocionalmente con empleados y clientes.
    - **Tony Robbins** enseña que la inteligencia emocional es el 80% del éxito en ventas y negocios.

CTA:

Deja de vender a ciegas. Comienza a utilizar tu inteligencia emocional para convertirte en un vendedor que conecta, influencia y cierra ventas de manera imparable. Desarrolla esta habilidad hoy y ve cómo tus resultados se disparan. ¡El éxito está en tus manos!

# Capítulo 19: Estrategias de Ventas Omnicanal

Si todavía no estás jugando el juego omnicanal, estás jugando en el pasado. Los clientes de hoy lo quieren todo y lo quieren ahora, sin importar si están en la tienda física, en su móvil o navegando en redes sociales. Las empresas que entienden esto están barriendo con el mercado. Las que no, están destinadas a quedarse atrás. Si quieres ser el que domina el juego, es hora de poner en marcha una estrategia omnicanal que te haga destacar.

El concepto de omnicanalidad no es una simple moda. Se trata de una evolución en la manera de entender cómo los consumidores interactúan con las marcas y cómo estas deben adaptar sus estrategias para no solo cumplir, sino exceder las expectativas de sus clientes. El objetivo es simple: asegurar una experiencia coherente y sin fisuras, sin importar dónde, cuándo o cómo el cliente interactúe con tu marca.

# 19.1 Cómo Vender en Varios Canales sin Perder Coherencia

Vender en múltiples canales sin que tu mensaje se diluya es un reto, pero es el precio a pagar si quieres seguir en el juego. El cliente actual exige coherencia, y si no se la das, te destroza. Ya no basta con estar presente en varios puntos; tienes que garantizar que en cada canal, el cliente recibe la misma experiencia, el mismo trato y el mismo mensaje. No hay espacio para inconsistencias o errores.

¿Cómo logras esto?

## 1. Definir un mensaje central:

Tu propuesta de valor debe ser una y solo una. Todos, desde el equipo de ventas hasta el que maneja tus redes sociales, deben transmitir exactamente lo mismo. Tu producto o servicio debe gritar la misma promesa en todos los canales. La omnicanalidad se basa en la capacidad de proyectar una sola identidad de marca, una sola promesa, en múltiples entornos.

**Ejemplo Práctico:**
Nike domina la omnicanalidad. Ya sea que compres en su app, en la tienda o en una tienda asociada, el mensaje es claro: calidad, innovación y rendimiento. En cada canal, la experiencia es consistente, lo que refuerza la confianza y lealtad del cliente.

## 2. Sincronización total de precios y promociones:

Si un cliente ve un descuento en tu Instagram, más vale que lo encuentre en tu web y en la tienda física. ¿Sabes lo que pasa si no lo haces? Pierdes la venta y te ganas una mala reputación. La sincronización de las promociones es clave para evitar la frustración del cliente y garantizar que las ofertas sean atractivas sin importar el punto de contacto.

**Ejemplo Práctico:**
Zara lo tiene claro. Ofertas y promociones son idénticas en la app, en la tienda online y en la tienda física. No dejan lugar para confusiones o quejas, y eso les ha permitido mantener una clientela fiel y satisfecha en todo momento.

### 3. Directrices y procedimientos unificados:

No importa si el cliente contacta por WhatsApp, va a tu tienda o te escribe por email. Todo el equipo debe manejar los mismos estándares de servicio, la misma información y los mismos procesos. La formación y la cultura organizacional son elementos esenciales para garantizar que, independientemente del canal, el cliente siempre reciba un trato de alta calidad.

**Ejemplo Práctico:**
Amazon ofrece una experiencia de compra increíblemente coherente. Puedes empezar una compra en la web, hacer una consulta en el chat y recoger tu pedido en un punto de entrega físico. Todo está perfectamente sincronizado. El cliente siempre tiene la sensación de estar en el mismo flujo de interacción sin importar el medio.

---

## 19.2 La Importancia de una Conexión Fluida entre Canales

Una cosa es estar presente en varios canales, otra muy distinta es lograr que el cliente sienta que está tratando con una sola empresa en todos ellos. Si el cliente nota la transición entre canales, tu estrategia falla. El cliente debe sentir que cada interacción es parte de la misma conversación.

¿Cómo logras esta conexión fluida?

## 1. Centraliza toda la información del cliente:

Usa un CRM (Customer Relationship Management) para que cada vez que el cliente te contacte, sepas exactamente quién es, qué ha comprado, qué ha preguntado y cuál es su comportamiento. No hay excusa para no estar preparado. Tener una visión global del cliente te permite ofrecer una experiencia personalizada y adaptada a sus necesidades.

**Ejemplo Práctico:**
Salesforce, una de las plataformas de CRM más potentes, permite a las empresas integrar todos los canales de venta y atención al cliente, proporcionando una visión 360º del cliente en tiempo real. Cada interacción está registrada, lo que garantiza que cualquier representante sepa exactamente en qué etapa está el cliente.

## 2. Capacitación cruzada del equipo:

Todo tu equipo debe estar entrenado para manejar cualquier consulta, independientemente del canal. Desde ventas hasta atención al cliente, todos deben saber guiar al cliente sin fricciones y sin pasar la pelota de un departamento a otro. La omnicanalidad no solo requiere tecnología avanzada, sino también un equipo capaz de aprovecharla.

**Ejemplo Práctico:**
Apple lo hace perfecto. Puedes comenzar una consulta sobre un

producto en el chat online y luego ir a una tienda física, donde el personal ya tiene acceso a tu historial y sabe exactamente lo que necesitas. Esto ahorra tiempo al cliente y mejora su experiencia general.

### 3. Integración tecnológica:

Aquí no puedes escatimar. Tus herramientas deben hablar entre ellas. Nada de islas de información separadas. Un cliente debe poder iniciar una compra en su móvil, hacer una consulta por email y luego recoger el producto en la tienda sin que haya fisuras en el proceso.

**Ejemplo Práctico:**
Starbucks ha implementado su app de manera magistral. Puedes hacer un pedido desde el móvil, pagarlo con tu saldo en la app y luego recogerlo en cualquier tienda física. Todo está perfectamente sincronizado, y la experiencia es fluida, sin importar el canal. Esto crea una sensación de continuidad en la interacción, lo que incrementa la satisfacción del cliente.

## 19.3 Cómo Integrar Todos los Canales de Ventas

El verdadero reto de una estrategia omnicanal es conseguir que todo funcione como una máquina bien engrasada. Tener presencia en varios canales no es suficiente; debes alinearlos para que operen como un solo engranaje, sin fricciones ni interrupciones.

# Estrategias para Integrar Todos los Canales de Ventas:

## 1. Usa un sistema CRM robusto:

Si tu CRM no es capaz de integrar todos los puntos de contacto del cliente, estás perdido. Necesitas un CRM que almacene toda la información del cliente, desde sus compras en la tienda física hasta sus interacciones en redes sociales.

**Ejemplo Práctico:**
HubSpot es una herramienta que permite centralizar toda la información del cliente, desde correos electrónicos hasta interacciones en redes sociales, brindando una visión integral del comportamiento de cada cliente. Esto permite a los equipos de ventas y marketing trabajar con datos precisos y actualizados en tiempo real.

## 2. Ofrece experiencias unificadas:

El cliente debe poder empezar su compra en un canal y terminarla en otro. Si no ofreces opciones como el "click-and-collect" (compra online y recogida en tienda) o la posibilidad de devolver productos comprados online en la tienda física, estás dejando ventas sobre la mesa.

**Ejemplo Práctico:**
H&M permite a sus clientes comprar productos en línea y recogerlos en la tienda. Además, si el cliente decide devolver el artículo, puede hacerlo fácilmente en cualquier tienda física, sin complicaciones ni demoras.

### 3. Medir y ajustar en tiempo real:

La omnicanalidad no es algo que configuras y luego olvidas. Debes estar midiendo constantemente el rendimiento de cada canal, analizando qué funciona y qué no, y hacer ajustes rápidos cuando algo falle.

**Ejemplo Práctico:**
Nike monitoriza el comportamiento de sus clientes en todos sus canales (app, tienda física, redes sociales) y ajusta sus estrategias de marketing y ventas basadas en estos datos. Si ven que un canal está fallando, lo optimizan en tiempo real para mejorar la experiencia del cliente.

---

## 19.4 Los Gurús y la Omnicanalidad

Los grandes del mundo de las ventas han entendido la importancia de la omnicanalidad. **Gary Vaynerchuk**, un genio del marketing y ventas, siempre ha sido claro: si no estás en todas partes, no estás en ninguna. Según él, la clave es ofrecer contenido y valor a los clientes en todos los puntos de contacto posibles. Cada canal debe ser una oportunidad para conectar de manera única, pero siempre con coherencia.

Otro gran ejemplo es **Jeff Bezos**, fundador de Amazon, quien ha construido su imperio basado en la omnicanalidad. Amazon no solo vende en línea, sino que también ha invertido en tiendas físicas como Amazon Go, que se integran perfectamente con su plataforma online. Cada punto de contacto con el cliente está pensado para ofrecer una experiencia perfecta, desde la compra hasta la entrega, sin importar dónde inicie la interacción.

Bezos ha comprendido que la omnicanalidad no solo se trata de presencia, sino de aprovechar cada canal para mejorar la experiencia global del cliente, generando así más ventas y, sobre todo, fidelidad a largo plazo.

# Resumen Esquemático de los Puntos Clave

1. **Cómo Vender en Varios Canales sin Perder Coherencia:**
   - Define un mensaje central claro y consistente.
   - Sincroniza precios y promociones en todos los puntos de venta.
   - Crea directrices y procedimientos estandarizados para cada canal.

2. **La Importancia de una Conexión Fluida entre Canales:**
   - Centraliza toda la información del cliente usando un CRM.
   - Capacita a tu equipo para manejar consultas desde cualquier canal.
   - Utiliza tecnología para integrar todos los puntos de contacto.

3. **Cómo Integrar Todos los Canales de Ventas:**
   - Usa un CRM robusto que centralice toda la información del cliente.
   - Ofrece experiencias unificadas y coherentes entre canales.

- Mide y ajusta el rendimiento de cada canal en tiempo real.

## Conclusión:

No puedes conformarte con estar en un solo canal o en varios canales que no se comuniquen entre sí. La omnicanalidad es el estándar mínimo si quieres sobrevivir en el mundo de las ventas modernas. Los clientes exigen coherencia, fluidez y personalización en cada interacción, y si no puedes dárselo, se irán con alguien que sí pueda. Optimiza tu sistema omnicanal hoy mismo y verás cómo tus ventas se disparan.

**CTA:**

¿A qué esperas? Es hora de implementar una estrategia omnicanal que convierta cada interacción con tus clientes en una oportunidad para construir lealtad y aumentar tus ventas. ¡No dejes escapar el futuro de las ventas! Haz que la omnicanalidad sea el centro de tu estrategia y domina el mercado.

# Capítulo 20: Liderazgo y Motivación en Equipos de Ventas

El éxito de un equipo de ventas no depende solo de su habilidad para cerrar tratos, sino del liderazgo que recibe. Un líder en ventas no es solo el que da órdenes, sino el que inspira, motiva y transforma a su equipo en una fuerza imparable. Un verdadero líder impulsa resultados excepcionales porque sabe cómo sacar lo mejor de cada uno de sus vendedores. En este capítulo, aprenderás a convertirte en ese líder que transforma equipos comunes en equipos ganadores.

## 20.1 Inspirar y Motivar a tu Equipo para Lograr Resultados

Ser líder no es cuestión de tener el título. Es cuestión de influir y guiar a tu equipo a través de la motivación. Si tus vendedores no están motivados, no van a dar su 100%. Y si no dan su 100%, tu equipo va a fracasar. Los mejores líderes son aquellos que encienden esa chispa interna en sus equipos, impulsándolos a romper barreras, a sobrepasar obstáculos y, sobre todo, a alcanzar sus metas como si la vida dependiera de ello.

### Estrategias clave para inspirar y motivar:

#### 1. Reconocer y celebrar los logros:

Grant Cardone, autor de VENDES O VENDES, lo tiene claro: el reconocimiento es clave. No se trata solo de pagar comisiones o bonificaciones. Se trata de crear una cultura donde el esfuerzo sea valorado públicamente. Si celebras a los ganadores, los demás querrán ganar también. Y eso es lo que quieres: un equipo hambriento de éxito.

**Ejemplo práctico:**
Implementa un sistema de recompensas semanales o mensuales. Reconoce públicamente al mejor vendedor en las reuniones de equipo. Crea una atmósfera donde todos quieran estar en el podio.

## 2. Establecer metas claras y alcanzables:

Daniel Pink, en su libro DRIVE, explica que la motivación se dispara cuando las personas tienen metas claras y desafiantes, pero alcanzables. Si tus vendedores no saben exactamente a qué deben aspirar, su motivación caerá en picado. Establece metas tangibles, no abstractas. Haz que cada uno de tus vendedores sepa exactamente qué tiene que hacer para llegar al siguiente nivel.

**Ejemplo práctico:**
Divide los objetivos anuales en hitos mensurables trimestrales o mensuales. La clave es hacer que los progresos sean visibles. Si ven que están avanzando, estarán más motivados.

## 3. Crear un ambiente competitivo, pero positivo:

Neil Rackham, en SPIN SELLING, argumenta que la competencia sana dentro de un equipo de ventas puede ser un poderoso motor de rendimiento. Los vendedores suelen ser competitivos por naturaleza. Utiliza eso a tu favor, pero ten cuidado: si la competencia se sale de control, puedes generar rivalidades tóxicas.

**Ejemplo práctico:**
Implementa tablas de rendimiento visibles para todo el equipo. ¿Qué mejor manera de motivar a tus vendedores que ver quién lidera las ventas cada semana? Los números no mienten. Los mejores querrán mantenerse en la cima, y los demás lucharán por alcanzarlos.

## 20.2 Estrategias de Liderazgo Efectivo en Ventas

No todos los líderes nacen sabiendo liderar. Liderar equipos de ventas es un arte. No se trata de imponer autoridad o controlar cada movimiento de tu equipo, sino de guiarlos, de crear un ambiente donde cada vendedor pueda florecer. Los grandes líderes no son los que hacen todo el trabajo; son los que hacen que su equipo lo haga.

### Estrategias de liderazgo en ventas:

#### 1. Comunicación clara y continua:

Brian Tracy, en ADVANCED SELLING STRATEGIES, afirma que una comunicación fluida es la base de un equipo de ventas exitoso. Si tu equipo no sabe lo que esperas de ellos, van a fallar. No puedes permitir que haya malentendidos, porque en ventas, cada error cuesta dinero. Tienes que ser claro, directo y constante en tus mensajes.

**Ejemplo práctico:**
Reuniones semanales. Sí, son necesarias. No esas reuniones interminables y aburridas, sino rápidas y eficientes. Revisa los progresos, responde preguntas y asegura que todos estén alineados con los objetivos de la semana. La clave está en la claridad.

## 2. Delegación inteligente:

El liderazgo no se trata de hacer todo tú mismo. Se trata de delegar de manera efectiva. Los mejores líderes son los que saben en qué son buenos y qué deben dejar a otros. No solo delegas para liberarte, sino para empoderar a tu equipo. Dale a tu equipo responsabilidad y verás cómo se multiplica su confianza.

**Ejemplo práctico:**
Identifica a tus mejores vendedores y dales responsabilidades adicionales, como la gestión de clientes clave. Esto no solo aligera tu carga, sino que los empodera y los hace sentir valorados.

## 3. Desarrollo continuo de talento:

Chet Holmes, en THE ULTIMATE SALES MACHINE, subraya que el coaching constante es esencial para maximizar el potencial de los vendedores. Si no estás invirtiendo en el desarrollo de tu equipo, estás desperdiciando talento. Los mejores líderes son los que ven el potencial en cada uno de sus vendedores y lo alimentan constantemente.

**Ejemplo práctico:**
Organiza sesiones individuales de coaching con cada miembro del equipo. Identifica sus puntos débiles y traza un plan para convertirlos en fortalezas. ¿Quieres que tu equipo crezca? Entonces asegúrate de que cada uno de tus vendedores esté creciendo.

## 20.3 Mantener a tu Equipo Alineado con los Objetivos

Tener un equipo motivado y bien entrenado es genial, pero si no están alineados con los objetivos, todo se desmorona. Tu trabajo como líder es asegurarte de que cada vendedor no solo esté enfocado en sus metas personales, sino también en los objetivos más amplios de la empresa. Si el equipo no entiende cómo su trabajo contribuye al éxito de la compañía, la motivación se desvanece y los resultados se desploman.

### Cómo alinear al equipo con los objetivos:

### 1. Objetivos compartidos y medibles:

Jim Collins, en GOOD TO GREAT, explica que los equipos que comprenden cómo sus esfuerzos contribuyen al éxito de la empresa están mucho más comprometidos. No basta con dar órdenes o fijar metas. Tienes que mostrarle a tu equipo cómo cada venta, cada llamada, contribuye directamente al éxito global.

**Ejemplo práctico:**
Desglosa los objetivos anuales de la empresa en metas individuales para cada vendedor. Cuando entienden que sus resultados personales impactan directamente en el crecimiento de la compañía, estarán mucho más motivados.

## 2. Cultura de responsabilidad y resultados:

En ventas, no hay espacio para las excusas. O cierras o no cierras. Punto. Tienes que crear una cultura de responsabilidad, donde cada miembro del equipo asuma la propiedad de sus resultados. Esto no significa que tengas que castigarlos por cada error, pero sí que cada vendedor debe rendir cuentas por su desempeño.

**Ejemplo práctico:**
Implementa un sistema de revisión de rendimiento mensual donde se revisen métricas clave: tasa de conversión, valor promedio de las transacciones, ventas cerradas. Evalúa los resultados con franqueza y ajusta el curso cuando sea necesario.

## 3. Incentivos alineados con los objetivos empresariales:

Brian Tracy lo deja claro: los incentivos no deben ser solo individuales. Si quieres que tu equipo esté alineado con los objetivos de la empresa, los incentivos deben estar relacionados con esos objetivos. Las bonificaciones basadas en ventas individuales están bien, pero si quieres maximizar los resultados, incentiva también el logro de metas grupales y la retención de clientes.

**Ejemplo práctico:**
Diseña un sistema de bonificación que no solo premie a los mejores vendedores, sino también al equipo que logre alcanzar metas de ventas grupales o que retenga clientes a largo plazo. Esto crea una dinámica de colaboración y ayuda a que todos trabajen juntos por el éxito colectivo.

## 20.4 Liderazgo sin Cargos: El Enfoque de Robin Sharma

En su libro EL LÍDER QUE NO TENÍA CARGO, Robin Sharma propone una visión transformadora del liderazgo. No es necesario tener un cargo o un título para ser un líder. Cada vendedor en tu equipo tiene el potencial de liderar desde su posición, asumiendo responsabilidad y mostrando iniciativa. Cuando todos en el equipo se sienten líderes, se fomenta una cultura de autonomía y empoderamiento.

### Cómo implementar el liderazgo sin cargos:

#### 1. Autonomía y Proactividad:

Haz que tus vendedores se sientan responsables de su propio rendimiento, dándoles la libertad de tomar decisiones sin esperar instrucciones constantes. Esto fomenta la creatividad y una mayor proactividad dentro del equipo.

**Ejemplo práctico:**
Establece desafíos donde cada vendedor tenga la libertad de desarrollar estrategias para lograr sus metas, sin necesidad de esperar la aprobación constante del supervisor.

#### 2. Coaching y Desarrollo Personal:

Asegúrate de que cada miembro del equipo esté enfocado en su crecimiento personal y profesional, con un enfoque en habilidades de liderazgo. Cuando los vendedores se ven a sí mismos como líderes, actúan con más confianza y determinación.

**Ejemplo práctico:**
Organiza sesiones de coaching grupales donde todos puedan compartir sus experiencias y aprendizajes, fortaleciendo el espíritu de liderazgo colectivo.

# Resumen Esquemático de los Puntos Clave

1. **Liderazgo sin Cargos:**
   - Robin Sharma destaca que el liderazgo no depende de un título. Cada vendedor puede asumir responsabilidad y liderar desde su posición, lo que aumenta la proactividad y el compromiso del equipo.
   - **Beneficios:** Mayor autonomía, proactividad y un equipo más empoderado para tomar decisiones.

2. **Inspirar y Motivar a tu Equipo:**
   - Reconocer logros: Celebrar públicamente los logros de los vendedores, creando un entorno positivo y competitivo.
   - Metas claras: Establece objetivos desafiantes pero alcanzables, aumentando la motivación.
   - Competencia sana: Fomenta una cultura competitiva positiva para motivar a los vendedores a mejorar continuamente.

- **Beneficios:** Equipos más motivados, con metas claras y un ambiente donde todos buscan destacar.

3. **Estrategias de Liderazgo Efectivo:**

    - Comunicación clara: Brian Tracy enfatiza la importancia de la comunicación constante y precisa para evitar malentendidos y mantener el enfoque del equipo.

    - Delegación inteligente: Delegar aumenta la responsabilidad de los vendedores y les empodera a tomar decisiones clave.

    - Desarrollo continuo: Capacita a tus vendedores de manera constante para maximizar su potencial.

    - **Beneficios:** Equipos mejor comunicados, con mayores habilidades, confianza y capacidad de asumir retos.

4. **Mantener a tu Equipo Alineado con los Objetivos:**

    - Objetivos compartidos: Jim Collins resalta la importancia de que el equipo comprenda cómo sus esfuerzos impactan en el éxito global de la empresa.

    - Cultura de responsabilidad: Crea una cultura donde cada vendedor asuma la responsabilidad de sus resultados y se enfoque en mejorar continuamente.

- Incentivos alineados: Diseña incentivos que recompensen tanto los logros individuales como los colectivos, promoviendo la colaboración.

- **Beneficios:** Equipos más comprometidos con los objetivos empresariales, alineados y motivados a trabajar por el éxito común.

## CTA:

Ser líder no es ser jefe, es ser mentor y motivador. Si quieres resultados excepcionales, conviértete en el líder que tu equipo necesita. Inspira y alinea a tus vendedores para que superen sus metas.

Transforma tu equipo en una máquina imparable. Aplica lo aprendido: inspira, delega y alinea con los objetivos. Lidera con propósito y supera tus resultados. ¡Toma el control y lidera con impacto ahora!

# Capítulo 21: El Futuro de las Ventas Según los Gurús

En este capítulo, exploraremos las visiones de algunas de las figuras más influyentes en el mundo de las ventas digitales y el marketing sobre cómo las ventas están evolucionando. Estos gurús no solo han destacado en sus respectivos campos, sino que también han revolucionado la forma en que entendemos las ventas hoy en día. Desde Gary Vaynerchuk hasta Neil Patel, su enfoque en las redes sociales, la omnicanalidad y la automatización está marcando el camino hacia el futuro.

## 21.1 Cómo Adaptarse a los Cambios en el Mercado

El cambio en las ventas es constante y, como mencionan Gary Vaynerchuk y Grant Cardone, si no te adaptas, te quedarás atrás. Gary Vee es un defensor de la autenticidad en las relaciones a través de redes sociales. En sus palabras, "El futuro de las ventas estará marcado por la creación de relaciones auténticas". Para Vaynerchuk, las plataformas como LinkedIn, TikTok y Twitter no solo son herramientas de marketing, sino espacios para generar interacciones personalizadas y cerrar ventas directas.

Por otro lado, Grant Cardone, famoso por su enfoque agresivo en ventas, hace eco de esta visión, destacando la importancia de estar presente en todas las plataformas digitales. Su filosofía es clara: "Si no estás en las redes sociales, no existes". Cardone cree que el vendedor del futuro debe ser omnipresente, visible y consistente en todos los canales.

### Estrategias clave para adaptarse:

1. **Mentalidad de crecimiento y flexibilidad:** Según Gary Vee, los vendedores deben estar dispuestos a cambiar y adaptarse rápidamente a nuevas plataformas y tendencias.

2. **Omnicanalidad y consistencia:** Para Cardone, estar en todas partes y en todo momento es esencial para construir una presencia de ventas sólida.

## 21.2 Innovaciones Tecnológicas que Transformarán las Ventas

La tecnología es un factor clave en la transformación de las ventas. Tanto Gary Vaynerchuk como Neil Patel han hablado extensamente sobre el impacto que la inteligencia artificial (IA), el Big Data y la automatización tendrán en el futuro. Neil Patel subraya que la integración del marketing y las ventas es el futuro, utilizando la automatización y el análisis de datos para crear experiencias personalizadas. Patel ha afirmado que "la personalización a través del análisis de datos no es solo el futuro, es la nueva norma".

Gary Vee, por su parte, está convencido de que la inteligencia artificial y los asistentes virtuales serán herramientas clave para agilizar las tareas repetitivas en ventas, permitiendo que los vendedores se concentren en lo que realmente importa: construir relaciones auténticas y personalizadas.

### Innovaciones clave:

1. **IA y automatización:** Según Vaynerchuk, la IA permitirá que los vendedores dediquen más tiempo a la creación de relaciones, mientras las tareas administrativas son manejadas por sistemas automatizados.
2. **Big Data y personalización:** Neil Patel recalca que el análisis predictivo es clave para anticipar las necesidades de los clientes y ofrecer soluciones antes de que las pidan.

## 21.3 El Vendedor del Futuro: Qué Esperar y Cómo Prepararte

Para ser un vendedor del futuro, debes convertirte en un experto en datos y tecnología. Gurús como Tai Lopez y Dan Lok han enfatizado la importancia de combinar técnicas tradicionales de ventas con la adopción de nuevas herramientas tecnológicas.

Tai Lopez, aunque conocido por sus tácticas controvertidas, ha sido un firme defensor de los embudos de ventas digitales y la automatización de procesos. Él ve las redes sociales no solo como un canal de marketing, sino como un ecosistema completo donde se generan ventas. Los embudos automatizados, según Lopez, serán esenciales para captar, nutrir y convertir clientes potenciales.

Dan Lok, con su gran presencia en redes sociales, también coincide en que la venta del futuro estará centrada en plataformas digitales, donde la personalización y la marca personal serán la clave para conectar emocionalmente con los clientes.

### Características del vendedor del futuro:

1. **Experto en tecnología:** Dan Lok y Tai Lopez coinciden en que dominar las herramientas digitales y la automatización será esencial.

2. **Consultor estratégico:** El vendedor no solo cierra ventas, sino que asesora y guía a sus clientes hacia soluciones de largo plazo.

## 21.4 Omnicanalidad y Experiencia Personalizada

Uno de los mayores cambios que los gurús del marketing digital han señalado es la creciente importancia de la omnicanalidad. Gary Vaynerchuk y Neil Patel están de acuerdo en que ofrecer una experiencia coherente a través de todos los canales es lo que diferencia a los vendedores exitosos del resto.

Vaynerchuk ha destacado que las plataformas como Instagram, YouTube y LinkedIn son esenciales no solo para atraer clientes, sino para cerrar tratos. Por su parte, Neil Patel subraya que las ventas omnicanal permiten a las empresas conectar con los clientes en su plataforma preferida, generando así una experiencia de compra fluida.

### Estrategia omnicanal:

1. **Integración perfecta:** Los clientes deben poder comenzar su proceso de compra en una plataforma y terminarlo en otra sin interrupciones.
2. **Personalización avanzada:** Utiliza datos de todas las interacciones para ofrecer soluciones específicas para cada cliente.

---

## 21.5 Evolucionar Constantemente o Morir

Brian Tracy ha sido un defensor de la evolución constante en el mundo de las ventas. En sus palabras, "las ventas del futuro no serán sobre quién puede vender más rápido, sino sobre quién puede adaptarse mejor a las nuevas herramientas y métodos".

Tracy cree que la adaptación es la clave para el éxito continuo, y aquellos que no se ajusten a las nuevas realidades tecnológicas quedarán rezagados.

Para Grant Cardone, la omnipresencia es crucial, pero también lo es la adaptación constante. Su enfoque en las redes sociales refleja una visión clara: el futuro pertenece a los que son visibles, consistentes y capaces de pivotar rápidamente en un entorno en constante cambio.

**Conclusión contundente:** Los vendedores que no adopten estas innovaciones y enfoques quedarán obsoletos. Es necesario ser adaptable, dominar las herramientas tecnológicas y siempre estar un paso adelante. Las habilidades tradicionales ya no son suficientes; el futuro exige agilidad, tecnología y una constante evolución.

# Resumen Esquemático de los Puntos Clave

1. **Adaptarse a los cambios del mercado:**
   - La flexibilidad y la mentalidad de crecimiento son esenciales.
   - Escucha activa de las tendencias del mercado para ajustarse rápidamente.

2. **Innovaciones tecnológicas:**
   - La IA y la automatización están optimizando las ventas y permitiendo personalización masiva.
   - Big Data permite personalizar la experiencia del cliente de manera avanzada.

3. **El vendedor del futuro:**
   - El vendedor será un consultor estratégico, no solo un "cerrador de tratos".
   - Las redes sociales serán clave para construir relaciones auténticas y cerrar ventas.

4. **Omnicanalidad:**

- El futuro de las ventas estará en ofrecer una experiencia coherente en todas las plataformas.
- La personalización a través del análisis de datos será la nueva norma.

## CTA:

No hay tiempo para la complacencia. La evolución está ocurriendo y es imparable. Si no te adaptas a las innovaciones tecnológicas, las ventas omnicanal y la nueva mentalidad del vendedor del futuro, quedarás obsoleto. Es el momento de tomar acción, evolucionar y liderar el futuro de las ventas. ¡Empieza hoy y conviértete en el vendedor que dominará los mercados del mañana!

# Conclusión: El Camino para Vender Sin Límites

Hasta aquí, has llegado al punto en el que ya no hay vuelta atrás. *El Arte de Vender Sin Límites* te ha mostrado cómo desafiar las creencias que te limitaban, te ha dado las estrategias, las herramientas y, sobre todo, la mentalidad para ser imparable. Pero ahora viene lo más importante: **actuar**. Porque al final del día, las palabras solo son eso, palabras. Lo que realmente marca la diferencia es lo que haces con todo lo que has aprendido.

A lo largo de este libro, hemos abordado todo lo que necesitas para sobresalir en ventas. Desde el poder de una mentalidad indomable hasta técnicas avanzadas de prospección, manejo de objeciones, y estrategias de storytelling que conectan emocionalmente con tus clientes. Hablamos de cómo convertir cada "no" en una oportunidad para mejorar, cómo utilizar el email marketing para construir relaciones duraderas, y cómo la automatización puede ser tu aliado sin perder el toque personal.

Cada capítulo fue diseñado para desafiarte, para sacarte de tu zona de confort y empujarte a nuevos niveles de rendimiento. **Hemos visto que el éxito no es una cuestión de suerte, sino de esfuerzo consciente y repetido.** Los mejores vendedores no son los que saben más, sino los que están dispuestos a hacer más. Si esperas que el mundo te dé algo sin luchar por ello, estarás esperando eternamente.

## Resumen de lo Aprendido

En la primera parte, vimos la importancia de la **mentalidad**. La psicología detrás de un vendedor exitoso no se basa únicamente en técnicas de venta, sino en su capacidad para enfrentar el rechazo, levantarse tras el fracaso, y usar cada obstáculo como una oportunidad para afinar sus habilidades. **El vendedor sin límites ve cada rechazo como un peldaño hacia el éxito.**

Luego, nos adentramos en las **estrategias prácticas**: cómo prospectar de manera efectiva, cómo identificar a los tomadores de decisiones en cada organización, y cómo aplicar los micro-compromisos para mantener a tus clientes avanzando a lo largo del proceso de ventas sin sentirse presionados. Vimos cómo **el seguimiento constante** es clave para construir relaciones que duren más allá de una simple transacción, y cómo la **venta** social puede transformar tus redes en una máquina de oportunidades.

El storytelling fue un punto crucial. Aprendiste que **las grandes ventas no se logran enumerando características técnicas**, sino contando historias que conecten emocionalmente con tu cliente. Porque las personas no compran productos, compran soluciones, compran experiencias y compran emociones. El **arte de persuadir** y de llevar a tu cliente desde el "no" hasta el "sí" fue desglosado en técnicas que puedes aplicar inmediatamente.

**Pero aquí está la verdad cruda y simple: el éxito no lo consiguen los que saben más, sino los que están dispuestos a hacer más.** Tener las herramientas es un buen comienzo, pero si no las utilizas, seguirás donde estás. Cada capítulo de este libro ha sido diseñado para llevarte más allá de tu zona de confort. Si llegaste hasta aquí, ya tienes lo necesario para vender sin límites. Pero solo aquellos que aplican lo aprendido llegarán al siguiente nivel. Aquí es donde la teoría se convierte en acción, y la acción en resultados.

## Un Agradecimiento Sincero

Quiero hacer una pausa aquí para agradecerte. Si has llegado hasta el final de este libro, significa que has decidido no conformarte. **Has decidido ser parte de ese selecto grupo** que no acepta las barreras, que no se amedrenta ante los "no" y que siempre está buscando crecer. Este libro es para ti, para los que se atreven a ir más allá, para los que entienden que cada día es una nueva oportunidad para dominar el arte de vender.

Agradezco a quienes me han inspirado a escribir estas páginas, pero sobre todo, te agradezco a ti, que has decidido invertir en ti mismo. Porque leer este libro es solo el primer paso. El verdadero valor está en lo que hagas a partir de ahora. Cada "no" que recibas de aquí en adelante debe ser una lección, cada objeción una oportunidad de mejorar, y cada fracaso un trampolín hacia el éxito.

## La Clave es Actuar

Este libro no termina aquí. Cada una de estas páginas es un recordatorio de que la venta no es un evento, sino un proceso continuo. Un proceso de superación, de crecimiento y de reinvención constante. Ahora la pregunta es: ¿tienes lo que se necesita para seguir avanzando cuando todos los demás se rinden? Si la respuesta es sí, entonces te doy la bienvenida a la élite de los vendedores que rompen límites.

Ahora es tu momento. No hay más excusas. **Tienes las herramientas, tienes el conocimiento, y tienes la mentalidad.** Solo te falta una cosa: **actuar.** Sal ahí fuera y conquista lo que ya es tuyo por derecho. **El éxito no espera a nadie.**

## Encuentra una Forma: La Historia de Diana Nyad

Y para terminar, quiero compartir contigo una historia que encapsula a la perfección lo que significa romper límites. Se trata de la nadadora de resistencia Diana Nyad, quien, a los 64 años, hizo lo que muchos creían imposible: nadó desde Cuba hasta Florida, sin jaula para tiburones, tras cinco intentos fallidos a lo largo de 35 años.

**Cinco intentos fallidos.
35 años de esfuerzo y frustración.**

Diana enfrentó todo tipo de adversidades: corrientes marinas, medusas, temperaturas extremas y, por supuesto, el agotamiento físico y mental. Pero con cada brazada, repetía su mantra: *"Find a way"* ("Encuentra una forma"). Esa fue la clave de su éxito. No era solo su habilidad física, sino su capacidad mental de no rendirse, de seguir nadando aunque todo pareciera en su contra.

En ventas, como en la vida, no importa cuántas veces falles. No importa cuántas veces escuches un "no". Lo que importa es que sigas buscando una forma de avanzar. **Cada "no" es una oportunidad para afilar tu estrategia. Cada rechazo te prepara para el próximo gran "sí".**

Tú también puedes encontrar una forma de lograrlo. Puede que enfrentes rechazo, competencia feroz o momentos de duda, pero, al igual que Diana Nyad, tu éxito dependerá de tu capacidad para seguir nadando. No se trata de lo que te sucede, sino de cómo decides enfrentarlo.

## Reflexión Final: Rompiendo Barreras

Vender sin límites es más que aplicar técnicas. Es una forma de pensar, de vivir y de actuar. **Es decidir que cada día vas a romper una barrera más,** que cada día vas a avanzar, incluso si el camino es duro o lleno de obstáculos.

Así que cuando salgas al campo de juego, cuando te enfrentes al próximo rechazo, quiero que te hagas esta pregunta: **¿Voy a rendirme aquí, o voy a encontrar una forma de seguir adelante?**

El éxito en ventas no está reservado para unos pocos afortunados. Está disponible para aquellos que están dispuestos a persistir, a aprender de sus fracasos y a buscar una forma de avanzar, sin importar las circunstancias.

**Cada "no" que recibas es un peldaño más hacia tu "sí".** Recuerda esto: **el límite no está afuera, está dentro de ti.** El verdadero desafío no es el mercado ni la competencia, sino cómo decides enfrentarlos.

---

## El Futuro Está en Tus Manos

Este libro no es el final, sino el comienzo de tu viaje para vender sin límites. Ahora depende de ti. **No esperes a que llegue la oportunidad perfecta.** No esperes a que el cliente ideal caiga en tu bandeja de entrada. **Sal ahí afuera, persigue el "no", busca el "sí" y encuentra una forma de hacer que cada día sea un paso más hacia tus objetivos.**

Porque al final, **vender sin límites no es una meta, es un proceso.** Y ahora, ese proceso está en tus manos.

**¿Estás listo para tomar el control de tus ventas y de tu vida? Porque este es solo el principio. ¡Rompe los límites y nunca mires atrás!**

# Bibliografía

A lo largo de este libro, muchas ideas, técnicas y estrategias han sido inspiradas por grandes autores y pensadores en el mundo de las ventas, el marketing y el desarrollo personal. Las siguientes obras han jugado un papel importante en la construcción de los conceptos aquí presentados y han servido de guía e inspiración para estructurar y perfeccionar "**El Arte de Vender Sin Límites**". Estas referencias representan un compendio de conocimiento y experiencia que todo vendedor debería conocer para seguir avanzando hacia la excelencia.

1. **"Psicología de Ventas" por Brian Tracy**
   Enseña los principios psicológicos detrás del proceso de ventas, ayudando a los vendedores a mejorar su capacidad de persuadir y cerrar acuerdos.
2. **"El Pequeño Libro Rojo de las Ventas" por Jeffrey Gitomer**
   Ofrece consejos prácticos y directos sobre cómo vender de manera efectiva, centrándose en la actitud, la persistencia y el servicio al cliente.
3. **"Vender es Humano" por Daniel H. Pink**
   Explora cómo todos estamos involucrados en el acto de vender, ya sea productos, ideas o servicios, destacando la importancia de la persuasión y la empatía.
4. **"Secrets of Closing the Sale" por Zig Ziglar**
   Proporciona técnicas y estrategias detalladas para cerrar ventas exitosas, enfocándose en la importancia de la confianza y la habilidad de resolución de objeciones.
5. **"Vendes o Vendes" por Grant Cardone**
   Enseña la mentalidad y las tácticas agresivas necesarias para tener éxito en las ventas, destacando que todo en la vida es una forma de venta.
6. **"Pitch Anything" por Oren Klaff**
   Explica cómo estructurar y presentar una idea o producto para captar la atención y lograr un "sí" inmediato en cualquier tipo de negociación.
7. **"Selling to Big Companies" por Jill Konrath**
   Ofrece estrategias para entrar en grandes empresas, enfocándose en cómo capturar la atención de los tomadores de decisiones en organizaciones grandes.

8. **"SPIN Selling" por Neil Rackham**
   Introduce un enfoque basado en preguntas que ayudan a los vendedores a identificar las necesidades del cliente y vender soluciones de alto valor.
9. **"The Challenger Sale" por Matthew Dixon y Brent Adamson**
   Presenta un enfoque disruptivo de ventas, donde los vendedores desafían las ideas preconcebidas de los clientes y los guían hacia soluciones innovadoras.
10. **"The Ultimate Sales Machine" por Chet Holmes**
    Enseña cómo mejorar las ventas y la productividad empresarial a través de una ejecución disciplinada y tácticas probadas de marketing.
11. **"Start with No" por Jim Camp**
    Se centra en la negociación, destacando la importancia de tener una mentalidad que acepte el "no" como parte del proceso para obtener mejores acuerdos.
12. **"Vender Sin Peros" por Roman Kmenta**
    Ofrece un enfoque práctico para superar objeciones en ventas, ayudando a los vendedores a cerrar acuerdos sin excusas ni obstáculos.
13. **"Building a StoryBrand" por Donald Miller**
    Enseña cómo utilizar el poder del storytelling para crear una marca clara y conectada emocionalmente con los clientes, diferenciándose en el mercado.
14. **"La Magia de Pensar en Grande" por David J. Schwartz**
    Motiva a las personas a pensar en grande para alcanzar el éxito, enfocándose en la actitud mental como el factor clave para lograr resultados sobresalientes.
15. **"El arte de hablar en público" por Fernando Miralles**
    Ofrece técnicas prácticas y psicológicas para mejorar la oratoria y la persuasión al hablar ante una audiencia, enfocándose en transmitir confianza y claridad.
16. **"Escribo porque me gusta ganar dinero" por Isra Bravo**
    Enseña cómo escribir de manera persuasiva y directa para captar la atención de clientes y generar ventas a través de un copywriting efectivo.
17. **"El Libro del Networking" por Cipri Quintas**
    Expone estrategias sobre cómo construir y nutrir relaciones profesionales sólidas, destacando el valor del networking en el éxito personal y empresarial.
18. **"Influence: The Psychology of Persuasion" por Robert Cialdini**
    Examina los principios psicológicos que influyen en las

decisiones de las personas, proporcionando técnicas efectivas para persuadir y ganar influencia.
19. **"Cómo Ganar Amigos e Influir Sobre las Personas" por Dale Carnegie**
Un clásico sobre cómo mejorar las relaciones interpersonales y ser más persuasivo en cualquier contexto social o profesional.
20. **"Superpoderes del éxito para gente normal" por Mago More**
Proporciona herramientas para mejorar la productividad y alcanzar el éxito personal, basado en hábitos, organización y gestión del tiempo.
21. **"Atomic Habits" por James Clear**
Explica cómo pequeños cambios y hábitos diarios pueden tener un impacto profundo en el crecimiento personal y el logro de objetivos a largo plazo.
22. **"The 10X Rule" por Grant Cardone**
Enseña cómo aplicar un esfuerzo y acción 10 veces superior a lo que se cree necesario para lograr resultados extraordinarios en cualquier área de la vida.
23. **"Never Split the Difference" por Chris Voss**
Ex-agente del FBI, Voss explica técnicas avanzadas de negociación, enseñando cómo utilizar la inteligencia emocional y la psicología para ganar en negociaciones complejas.
24. **"La Vaca Púrpura" por Seth Godin**
Subraya la importancia de ser extraordinario y diferente en los negocios, ofreciendo estrategias para destacar en un mercado saturado.
25. **"Los 7 Hábitos de la Gente Altamente Efectiva" por Stephen Covey**
Expone siete principios fundamentales para alcanzar el éxito personal y profesional mediante hábitos de productividad y liderazgo.
26. **"Fanatical Prospecting" por Jeb Blount**
Detalla cómo los vendedores pueden aumentar sus oportunidades de ventas a través de una prospección disciplinada y constante.
27. **"Pitch Perfect" por Bill McGowan**
Enseña cómo dominar la comunicación en diferentes situaciones, desde discursos públicos hasta conversaciones privadas, para influir de manera efectiva.
28. **"La Estrategia del Océano Azul" por W. Chan Kim y Renée Mauborgne**
Presenta un enfoque innovador para crear mercados sin

competencia, donde las empresas pueden crecer sin enfrentarse a la competencia directa.
29. **"El Club de las 5 AM" por Robin Sharma**
Habla sobre cómo levantarse temprano puede transformar tu vida, brindando más tiempo para la productividad y el crecimiento personal.
30. **"You Can't Teach a Kid to Ride a Bike at a Seminar" por David Sandler**
Expone las reglas clave del sistema de ventas Sandler, basado en relaciones consultivas y el uso de preguntas para identificar las necesidades del cliente.
31. **"Crossing the Chasm" por Geoffrey A. Moore**
Explica cómo las empresas tecnológicas pueden pasar del mercado de los primeros usuarios a la adopción masiva, cruzando el "abismo" del crecimiento.

Estas obras han sido fundamentales para modelar el enfoque hacia las ventas sin límites que aquí se propone. Cada una de ellas aporta herramientas y técnicas que, combinadas, permiten a cualquier vendedor llevar su juego al siguiente nivel y desarrollar una mentalidad verdaderamente imparable.

www.ingramcontent.com/pod-product-compliance
Lightning Source LLC
Chambersburg PA
CBHW052143220526
45471CB00004B/1507